Gozo

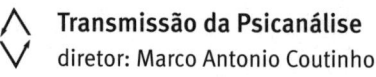

Transmissão da Psicanálise
diretor: Marco Antonio Coutinho Jorge

Darian Leader

Gozo

Sexualidade, sofrimento e satisfação

Tradução:
Vera Ribeiro

1ª reimpressão

Copyright © 2021 by Darian Leader

Grafia atualizada segundo o Acordo Ortográfico da Língua Portuguesa de 1990, que entrou em vigor no Brasil em 2009.

Título original
Jouissance: Sexuality, Suffering and Satisfaction

Capa
Bloco Gráfico

Imagem de capa
Série Guará, 2017, de Germana Monte-Mór.
Óleo e asfalto sobre tela, 30 × 20 cm. Reprodução de João Liberato.

Preparação
André Marinho

Revisão técnica
Marco Antonio Coutinho Jorge

Índice remissivo
Probo Poletti

Revisão
Adriana Bairrada
Gabriele Fernandes

Dados Internacionais de Catalogação na Publicação (CIP)
(Câmara Brasileira do Livro, SP, Brasil)

Leader, Darian
    Gozo : Sexualidade, sofrimento e satisfação / Darian Leader ; tradução: Vera Ribeiro. — 1ª ed. — Rio de Janeiro : Zahar, 2023.

    Título original : Jouissance : Sexuality, Suffering and Satisfaction.
    Bibliografia.
    ISBN 978-65-5979-101-9

    1. Dor 2. Prazer 3. Princípio do prazer (Psicologia) 4. Psicanálise I. Título.

22-139133   CDD: 152.4

Índice para catálogo sistemático:
1. Prazer e dor : Equilíbrio : Psicologia   152.4

Inajara Pires de Souza – Bibliotecária – CRB PR-001652/O

Todos os direitos desta edição reservados à
EDITORA SCHWARCZ S.A.
Praça Floriano, 19, sala 3001 — Cinelândia
20031-050 — Rio de Janeiro — RJ
Telefone: (21) 3993-7510
www.companhiadasletras.com.br
www.blogdacompanhia.com.br
facebook.com/editorazahar
instagram.com/editorazahar
twitter.com/editorazahar

Sumário

Gozo 7

Agradecimentos 143
Notas 145
Índice remissivo 161

Comecemos por duas ilustrações clínicas. Um homem se queixa do que descreve como uma compulsão a iniciar aventuras com mulheres casadas. Reconhece a empolgação que há nisso, mas diz que, em última instância, trata-se de algo que só lhe traz sofrimento. Durante o sexo, ele só consegue manter a ereção se sua parceira introduzir os dedos em seu ânus. Ele também sofre de prurido anal e se descobre incapaz de parar de coçar intensamente a região do ânus, mesmo sabendo que isso exacerba o prurido. Explica que essa situação deve estar ligada de algum modo a sua "mãe devoradora".

Uma mulher também inicia a análise com uma queixa ligada à sua vida amorosa. Sente-se repetidamente atraída por homens que a dispensam, gerando uma angústia terrível e um sentimento de abandono. Apesar da profusão de parceiros, encontrados através de redes sociais, ela não consegue chegar ao orgasmo, a não ser pela masturbação, quando está sozinha em casa. Descreve um "pai hipersexualizado", que tecia frequentes comentários lascivos sobre o corpo das mulheres.

Ora, sem saber mais nada sobre esses casos, acho que a maioria dos leitores lacanianos teria pouca dificuldade de distribuir neles, muito fartamente, o termo "gozo": haveria gozo no sintoma de apresentação — um comportamento repetitivo que prometeria prazer mas que traz dor; gozo na excitação sexual, com seus pré-requisitos; gozo nas atividades aparentemente autoeróticas que envolvem a fricção das mucosas; gozo atribuído a uma figura parental; e, talvez, gozo no relato ao analista de um ou todos os elementos citados.

Se aceitarmos esses usos de nosso termo, poderemos indagar exatamente o que eles têm em comum. Mas o próprio fato de todos parecerem válidos deve nos fazer pensar. Nada mais sabemos sobre esses casos, além dessas breves ilustrações, que não consistem em muito mais do que detalhes superficiais. E, de fato, com frequência cada vez maior, constatamos hoje em dia que o termo "gozo" é usado de forma puramente descritiva. Falamos no "gozo do sintoma", por exemplo, sem uma teoria apropriada do que vem a ser exatamente esse gozo, ou de por que ele está presente. Quando avançamos um pouco mais nesse aspecto, tendemos a acabar com formulações que parecem embaraçosamente simplistas — invocando um "significante congelado" ou o "Um do gozo" —, ou recaímos em certas noções freudianas que, como lacanianos, seria esperável que tivéssemos corrigido.

Mas a popularidade e a aceitação do termo são inquestionáveis. Os lacanianos sofisticados são os que têm uma "clínica do Real, do gozo", mas o que isso realmente significa, na prática, é que eles professam reconhecer os limites do sentido e o lugar do gozo no que é conscientemente experimentado como dor. Não se presta nenhuma atenção às diferenças possíveis entre o prazer mesclado com a dor, o prazer que assume o lugar da dor, o prazer sobre a dor, o prazer como sequela da dor e a dor como sequela do prazer. E também fica em aberto a questão de saber se esses dois termos são os mais úteis aqui, visto que os analistas certamente concordariam que eles não são polos opostos de uma equação e que, como assinalam os editores de uma coleção sobre *O prazer além do princípio de prazer*, uma dose menor de um não significa, necessariamente, uma dose maior do outro.[1]

Lacan, é claro, tinha muito a dizer sobre os limites do sentido, porém muito menos sobre os prazeres da dor, e, curiosamente, essa ideia foi popularizada por autores para os quais a maioria dos lacanianos tem pouco tempo: Georges Bataille, Roland Barthes, Julia Kristeva e alguns outros. As explicações de Freud sobre o prazer na dor não costumam ser aceitas, uma vez que suas várias categorias de masoquismo são consideradas inexatas. Também curiosamente, as ideias iniciais de Freud sobre uma barreira do estímulo, com seu modelo quantitativo do excesso psíquico, por boa razão rejeitadas pela maioria dos pós-freudianos, ressurgem com espantosa regularidade nas descrições lacanianas contemporâneas do gozo. O gozo é definido como um "excesso", porém essa abordagem, como veremos, foi desmantelada ou, pelo menos, seriamente questionada por estudiosos de Freud.

Então, por que a noção ou o rótulo de gozo são tão atraentes? Seus múltiplos significados parecem evidentes, mas, embora todos possamos citar com aprovação a crítica de Freud ao uso alargado de seu conceito de libido por Jung, as coisas parecem diferentes no que concerne ao gozo. A história da prática psicanalítica é vista como um prelúdio da excelência de uma clínica do gozo, porém quanto mais examinamos isso mais vemos que o termo instalou-se num uso preguiçoso e descritivo. Hoje, passou a fechar questões mais do que a abri-las, e as explicações tendem a reverter a pares como "desejo/gozo", os quais, se examinados de maneira criteriosa, nem sempre são tão robustos, conceitualmente, quanto desejaríamos.

Como lamenta Néstor Braunstein, ao final de um capítulo sobre "Desejo e gozo nos ensinamentos de Lacan":

Lamentavelmente, após a morte de Lacan, em 1981, e com o passar do tempo, surgiram formulações maniqueístas que tendem a contrastar os dois termos, provocando uma escolha forçada e carregada de intenções ocultas entre o primeiro Lacan (o do significante e do desejo, supostamente um Lacan "primitivo" ou "arcaico") e o segundo Lacan (o do gozo e do objeto *a*), que seria o Lacan desejado, um ponto de chegada que somente os lacanianos "avançados" conseguiram alcançar.[2]

Isso nos convidaria a refletir sobre a questão de por que os pares são tão populares no pensamento lacaniano de hoje, apesar de Lacan ter tendido a usar modelos não binários em seus seminários e seus escritos.

Quando nos voltamos para estudos detalhados do termo lacaniano, os comentários sobre o gozo às vezes fazem lembrar as piores fases da teologia medieval. Os estudiosos debatem usos claramente incoerentes, aflitos por provar a coerência e a ordem. O que nos dizem é que Lacan tem múltiplas categorias, mais significativamente:

Gozo da imagem corporal
Gozo fálico
Gozo do Outro (genitivo subjetivo)
Gozo do Outro (genitivo objetivo)
Gozo Outro
Gozo excedente
Gozo do sentido
Gozo do ser
Gozo da vida
Gozo do corpo

Comentários informais e retalhos dos seminários e dos escritos são tomados como sinédoques de teorias diferenciadas, na suposição de que, de algum modo, o próprio termo "gozo" deva sinalizar a mesma coisa. Quando então se pergunta o que é essa coisa, a resposta tende a vir nestes moldes: "Bem, Lacan dizia que o gozo é 'a única substância'". É a deixa para exposições amadoras de Aristóteles falando da substância. Poderíamos lembrar aqui, mais uma vez, a crítica de Freud a Jung por usar o termo "libido" a respeito da energia de inúmeras funções diferentes, e também a estocada de Erik Erikson na suposição dos primeiros analistas de que a libido era "a substância primeva" que a convenção social e o resto da estrutura psíquica esforçavam-se ao máximo para conter.[3]

Embora Lacan pudesse dizer que, se viesse a existir um "campo lacaniano", ele seria o do gozo, isso não transforma necessariamente essa noção num conceito psicanalítico, e sua tradução posterior num lugar-comum descritivo é decepcionante.[4] Em vez de fingir que temos algum tipo de conhecimento refinado e elevado do psiquismo e da prática psicanalítica, por sermos capazes de manipular esse rótulo, talvez valha a pena pararmos para ver o que nossos usos implicam e pressupõem. Neste ensaio, espero estimular um questionamento do termo, comentar alguns de seus aparecimentos na obra de Lacan e tentar voltar a algumas de suas fontes em Freud. Para pôr minhas cartas na mesa logo de saída, penso que nos é mais conveniente uma pluralidade de conceitos do que um termo genérico, que traz os riscos de obscurecer e encobrir diferenças importantes em questões clínicas e conceituais.

Pois bem, a exposição-padrão do desenvolvimento do termo de Lacan é mais ou menos assim: primeiro, o gozo é ligado à imagem do corpo que aparece nas referências de Lacan ao júbilo do estádio do espelho; em seguida, temos um uso hegeliano, no qual o gozo é ligado a questões de apropriação e posse; depois disso, na década de 1950, o gozo emerge como antagonista do desejo; e por fim ele ganha autonomia no seminário sobre *A ética da psicanálise*, com o conceito da Coisa; é ainda desenvolvido em "Kant com Sade", tornando-se o fulcro da abordagem lacaniana à maioria das questões clínicas e metapsicológicas do final da década de 1960 e dos anos 1970, desde a repetição até sua reelaboração da sexualidade masculina e feminina.[5]

As descrições introdutórias costumam rastrear até Freud a genealogia do "gozo" e começam por mapear um território: a reação terapêutica negativa, as qualidades rebeldes do sintoma e a coalescência da satisfação do sofrimento encontrada em inúmeras práticas humanas, desde o uso de drogas até o sentimento de compulsão que acompanha comportamentos forçados e atos repetitivos. Freud tinha um modelo bastante abrangente do que chamava de essa "estranha satisfação" do sintoma, alguns anos antes da introdução, mais célebre, da pulsão de morte, em *Além do princípio de prazer*, o que poderíamos tomar como nosso ponto de partida. Elaborada nas *Conferências introdutórias* de 1916-7, ela recapitula e revisa conceitos anteriores, usando um esquema de libido e frustração.

Nesse ponto, a libido é cuidadosamente distinguida de qualquer apego instintivo à mãe, e Freud a descreve em termos de como o bebê repete a experiência do seio, mas sem uma demanda específica de ser alimentado. A libido não é impulsionada pela fome e se caracteriza por uma sucção sensual — o que autores posteriores chamariam de "sucção não nutritiva" — que antecede o sono. É esse "ato puro de sugar" que traz satisfação, e a libido é identificada com "o esforço de obter satisfação".[6] Assim, o bebê "pratica atos que não têm outra finalidade senão obter prazer", claramente presos a funções vitais, mas não definidos por elas.

Essa explicação freudiana de uma satisfação oral distinta da demanda de alimento tem sido comumente descrita como um gozo, definido como um prazer autoerótico. O autoerótico é entendido como significando sem ligação com o Outro, ou, no linguajar deplorável de alguns lacanianos, um puro Um do gozo que é temporariamente anterior à imposição do Simbólico. O bebê afasta-se do Outro para buscar seu próprio prazer isolado. Mas o autoerótico de Freud é ligeiramente mais complicado: é relacional e sequencialmente secundário. A pulsão oral, afirma ele, não é primariamente autoerótica, e só "se torna" autoerótica ao "abandonar o objeto externo", assim como as outras funções erógenas.[7]

O autoerotismo é descrito como um desenvolvimento, algo que se segue à relação primária e diferenciada com o Outro e que, sem dúvida, conserva os traços dela. Não estamos passando de uma mônada isolada, perdida no prazer autoerótico, para algum tipo de relação objetal, e sim, ao contrário, passamos de uma espécie de relação objetal para uma atividade que parece solitária. Esse ponto crucial problematiza as narrativas que veem o desenvolvimento infantil como uma passagem do "narcisismo" para o "objeto", porém até os estudos do autoerotismo que subscreveram esse paradigma foram obrigados a reconhecer que, "durante a atividade autoerótica, a relação anterior com o objeto não precisa, ou melhor, não pode estar plenamente em suspenso".[8]

Ora, como continua Freud, a "tenacidade" da libido de se agarrar a certos objetos, nesse ponto, "varia de uma pessoa para outra", e é comum não sabermos dizer por quê. Existem algumas referências posteriores a esse problema, e Freud dedica várias páginas à questão da fixidez libidinal em "Inibição, sintoma e angústia", repensada em termos da segunda tópica.[9]

As seções que mais nos interessam agora são as que dizem respeito à formação dos sintomas. O que acontece, pergunta Freud, quando a libido é frustrada? Ela busca vias e objetos alternativos, um redirecionamento que desperta "desprazer" em outra parte da psique. Com isso, impõe-se um veto aos novos métodos de satisfação, que usam moldes infantis, e assim a libido se volta para a construção de sintomas, que constituem um "substituto" da satisfação frustrada, através de uma regressão da libido a "fases anteriores".[10] Esse passado não deve ser entendido exclusivamente em termos de como as pessoas o relembram, mas de "como o imaginam a partir de indícios posteriores". Portanto, é uma regressão que inclui a influência do Outro, talvez sob a forma de coisas vistas ou ouvidas.

Estas funcionam sob a influência moldadora da fantasia, que redireciona a libido para seus pontos de fixação ou para os derivados deles, em consequência da experiência de frustração. Seguindo suas vias, pode-se construir um sintoma que é um "substituto" do material sexual, uma combinação da satisfação recalcada com a força recalcadora que milita contra ela. Dado que o veto das forças recalcadoras gera uma "oposição violenta" aos novos métodos de satisfação, suas objeções entram na conta dos sintomas sob a forma de "distorções e mitigações".[11]

Daí os mecanismos de condensação e deslocamento que disfarçam e distorcem o material da fantasia, bem como a faceta punitiva dos dois. Um sintoma passa então a servir ao propósito tanto da satisfação sexual quanto de seu oposto — o que inclui defesa e castigo —, para lhe dar uma "bilateralidade (*Zweiseitigkeit*)" característica. As duas correntes conflitantes, a do recalcado e a da força recalcadora, se combinam, fundindo-se no sintoma histérico e ficando temporalmente separadas na compulsão obsessiva, o que gera uma espécie de satisfação que pode parecer "cruel e medonha", ou "antinatural".

Temos então a passagem-chave:

> De certo modo, o sintoma repete essa espécie de satisfação infantil precoce, distorcida pela censura proveniente do conflito, transformada, como norma geral, num sentimento de sofrimento e mesclada com elementos da causa precipitante da doença. A espécie de satisfação trazida pelo sintoma tem muito de estranho.[12]

A pessoa em questão sente essa "suposta satisfação" como sofrimento e se queixa dela, e "essa transformação é função do conflito psíquico sob cuja pressão o sintoma tem que se formar. O que antes era uma satisfação do sujeito hoje está fadado, na verdade, a despertar a resistência ou a repugnância dele". Freud cita o exemplo da criança que um dia bebeu o leite da mãe com grande prazer e, mais tarde, reage com nojo aos laticínios.

Essa também era, para Freud, a estrutura do célebre exemplo do gozo do caso do Homem dos Ratos. Quando seu paciente descreve a tortura dos ratos, Freud observa um "horror dele a seu próprio prazer, do qual ele mesmo não tinha conhecimento", uma reação que é entendida como sinal de recalcamento de uma tendência sádico-anal.[13] Todavia, enquanto, para Freud, trata-se de um horror *ao* prazer, as exposições lacanianas tendem a enfatizar a fusão desses dois elementos, e não sua relação reativa. Parece importante considerar a diferença entre essas duas interpretações e, crucialmente, reconhecer que o modelo freudiano baseia-se na ideia de recalcamento e conflito.

Portanto, esse é um ótimo modelo freudiano de gozo! Temos uma explicação sólida de por que aquilo que é conscientemente experimentado como sofrimento envolve um prazer repudiado. Gira em torno de uma teoria do conflito, sendo a censura grandemente responsável pela transformação afetiva. Se nos detivéssemos aí, bem poderíamos distinguir a "estranha satisfação" resultante desse processo de outras formas de satisfação, conscientes ou não conscientes, e não haveria razão para usarmos a mesma terminologia para ambas. Entretanto Freud tem mais a dizer a esse respeito.

"Há outra coisa, além disso", continua ele, "que faz os sintomas nos parecerem estranhos e incompreensíveis como meio de satisfação libidinal".[14] Há aí um retorno a um "autoerotismo ampliado", que coloca um "ato interno em lugar de um ato externo, uma adaptação em lugar de uma ação". O sintoma

> representa algo como realizado: uma satisfação à moda infantil. Contudo, por meio de uma condensação extrema, essa satisfação pode ser comprimida numa única sensação ou inervação e, por meio de um deslocamento extremo, pode restringir-se a um pequeno detalhe de todo o complexo libidinal.

Daí a dificuldade ou a estranheza de reconhecermos esse aspecto do sintoma como uma satisfação.

Portanto, a "estranha satisfação" é resultado de um processo bastante complexo, que parte da frustração, transita pela fantasia e acaba na construção de sintomas, interpretada como uma forma de atividade sexual que inclui as próprias forças que trabalham contra essa atividade. A exposição é clara e elucidativa, porém há nela um grande problema, que lançará sua sombra sobre a obra posterior de Freud e sobre a de Lacan. Segundo esse modelo, a frustração gera a busca de vias alternativas, bem como o conflito que isso produz, mas não é vista, por si só, como algo que modifica, distorce ou efetivamente forma a própria libido. No entanto, foi exatamente esse o ponto frisado por muitos estudiosos de Freud: a frustração gera ódio e raiva, que se mesclam com a libido ou criam a libido — uma conclusão da qual Freud sempre se absteve.

Apesar de reconhecer, muitas vezes, a interdependência da sexualidade e da agressão, ele tentou repetidamente separar o que via como duas correntes distintas. Nos *Três ensaios sobre a teoria da sexualidade*, ao discutir o sadismo, ele evocou "um componente agressivo da pulsão sexual que se tornou independente e exagerado", porém, mais adiante, no mesmo texto, afirmou que "os impulsos de crueldade brotam de fontes que de fato independem da sexualidade, mas podem unir-se a ela numa etapa primitiva".[15] A demarcação é ainda mais clara no livro da mesma época sobre o chiste, no qual as tendências hostis e libidinais são repetidamente distinguidas. Similarmente, em "As pulsões e suas vicissitudes", ele afirma que existe uma busca "ambivalente" precoce do objeto, que pode incluir "injúria e aniquilamento", porém, mais adiante, esse ódio é "mais antigo que o amor", derivando do "repúdio do mundo externo" pelo eu.[16] As anexações da pulsão sexual por essas forças tendem a ser explicadas em termos da teoria das fases libidinais.

Mesmo no final da década de 1920, muito depois de haver teorizado a pulsão de morte, Freud continuou a tentar distinguir a libido da agressão, o que resultou num trabalho como *O mal-estar na cultura*, com suas referências à "agressividade não erótica". Isso constituiu, como o denominou um de seus estudiosos, "um tipo curioso de ponto cego".[17] Enquanto Ernest Jones afirmava que qualquer forma de frustração podia gerar culpa, Freud sugeria que isso talvez se aplicasse apenas ao recalcamento de tendências agressivas, ao passo que as tendências libidinais produziriam sintomas, mas não o sentimento de culpa. A separação entre as duas parece insegura e até artificial nesse livro e foi questionada por vários dentre os primeiros analistas. Até Lacan pôde escrever, em seu artigo de 1951 intitulado "Algumas reflexões sobre o eu", que "a dimensão característica da libido é a agressão".[18]

Enquanto inúmeros outros analistas ligavam a libido e a agressão, Freud as mantinha separadas, o que deixa seu conceito de libido relativamente não contaminado. Em vez de ver a libido em si como um híbrido de apego e repulsa, absorção e destruição, preservação e anulação — o que ele chamava de "uma bipolaridade original por natureza" —, o conceito preserva seu caráter de gravitação primária, seguindo um modelo basicamente oral.[19] No entanto, como notaram alguns de seus estudiosos, a experiência oral em si poderia ser feita de uma fusão de aceitação e repúdio, satisfação e frustração, sucção e mordidas, afeição e vingança.

Quanto a esse ponto, os analistas ou o reconheceram ou desfizeram a contradição evidente ao postular, em vez disso, estágios temporais: uma fase oral inicial e uma tardia, uma fase anal em duas etapas etc., segundo o modelo de desenvolvimento libidinal de Karl Abraham.[20] Essa clara compartimentalização eliminou o hibridismo radical de uma libido baseada em opostos e tem em si a estrutura de um sintoma obsessivo. Em vez de reconhecer, por exemplo, a coexistência do amor e do ódio em relação ao objeto, podemos dizer que primeiro há uma fase de amor, depois uma fase de ódio. Isso se assemelha bastante à situação de o Homem dos Ratos retirar uma pedra da rua e, em seguida, retornar para recolocá-la no lugar: uma separação temporal obscurece a dor do conflito.

Similarmente, postular uma cisão no nível do objeto foi outra maneira de resolver o problema. Em vez de se introduzir uma divisão no tempo — como no modelo de Abraham —, afirmou-se muitas vezes que a agressão arcaica era dirigida a um objeto chamado de "mau", enquanto a libido era atraída por um objeto diferente, rotulado de "bom". Embora seja inegável que essas cisões binárias desempenham um papel essencial na vida psíquica, e em muitos níveis, a suposição de que elas polarizam conjuntos distintos de relações é problemática e, mais uma vez, elimina a dimensão fundamental do hibridismo da própria libido, presumindo uma separação inicial.

O MODELO QUE LEVOU mais a sério essas tensões veio de Karin Stephen, cunhada de Virginia Woolf e analisanda de James Glover e Sylvia Payne. A ânsia que o corpo tem de formas de estimulação sensorial, observa ela, depara com decepções contínuas, o que estabelece um estado de "incômodo, logo vivenciado como medo, que leva a uma reação de raiva".[21] Para Stephen, as zonas de prazer do corpo são transformadas pela frustração em zonas de desprazer, fundindo ódio e amor, e sua estimulação é "sentida como um insulto e temida como um perigo, além de ser acolhida de braços abertos". A frustração, nesse ponto, não é interpretada simplesmente como a ausência de um objeto empírico ou a demora para conquistá-lo, mas também como resultado de impulsos contraditórios.

"Desse modo", diz Stephen, "agressão, raiva e sofrimento passam a ter, eles mesmos, um toque de sentimento sexual ou busca de prazer." Os instantes de sufocamento no seio, por exemplo, podem produzir um pavor e um desespero que depois se tornam parte do impulso de fome, de modo que, em última instância, somos atraídos e repelidos pela mesma coisa. O desejo do mamilo, da mesma forma, funde-se com a experiência de decepção e recusa, de maneira que o anseio e o ódio ficam emaranhados.

Poderíamos pensar aqui nos famosos *blasons* e *contreblasons* do início do período moderno, nos quais a atração pelo mamilo era contrabalançada pelo pavor e pela repulsa. Nesses poemas, que um dia já foram populares, o Outro convencionalmente enaltecido era reduzido a uma parte do corpo, glorificado num momento e insultado em outro. Derivados da forma anterior de poemas lascivos conhecida como *dit*, eles foram posteriormente destruídos, eliminados ou excluídos de coleções e publicações literárias. Nos *blasons* de Marot, podemos ler: *"Tétin qui fait honte à la rose/ Tétin plus beau que nulle chose"* e *"Tétin flac, Tétin de drappeau/ Grande tettine, longue tetasse/ Tétin, doy je dire bezasse"*.[22] Com a continuação dos *blasons*, o desejo do poeta de tocar o seio transforma-se no desejo de pulverizar o corpo da mulher.

Observe-se que essa conjunção é diferente do modelo freudiano, no qual os fenômenos da repulsa costumam ser considerados efeitos do recalcamento: a satisfação oral é seguida pelo recalcamento e, depois, pela repugnância, ao passo que, para Stephen, o medo, o pavor, a raiva e o prazer misturam-se mais ou menos desde o início. A dor e o ódio são sexualizados, ligados a nossas funções vitais e às zonas do corpo que são locais de troca com o Outro. A linguagem talvez deixe transparecer essas associações, com expressões como "fome de vingança" ou "sede de vingança". A libido não pode ser claramente separada da mistura letal que Stephen descreve, e por isso inclui em si uma gama de forças opostas, bem como uma ligação com o Outro. Nos textos clássicos, aliás, o termo "libido" era usado para fazer referência tanto aos estados de desejo sexual quanto aos de raiva, e já se observou que quase todos os xingamentos ou insultos também aparecem nos feitiços eróticos, demonstrando essa coalescência de destrutividade e desejo.[23]

Também é frequente os analistas infantis assinalarem que os estados de tensão corporal — e sobretudo genital — não são simplesmente vivenciados como *quanta* isolados de excitação, mas como indicadores da presença e da ausência do Outro. Se o Outro tem o poder de suprimir certas sensações corporais — digamos, através da alimentação, do conforto etc. —, ele também deve ter o poder de acalmar outras e, em particular, as que não podem ser prontamente tratadas pela manipulação manual ou pelo movimento. A persistência da sensação, portanto, inclui em si a censura ao Outro, a ponto de elas se tornarem indistinguíveis. Como explicou uma analisanda, a sensação de ingurgitação e ardência de seu sexo era "idêntica" à sua fúria com o namorado ausente, por ele a haver causado. A sensação interna dava a impressão de ser infligida de fora para dentro.

Foi essa inscrição do Outro que levou alguns analistas norte-americanos a falar não em "zonas erógenas", mas em "zonas de interação".[24] Em vez de um modelo simplista de pulsão em que o bebê batalhava com estímulos endógenos e acabava criando circuitos para externalizá-los, a pulsão era fundamentalmente relacional, à medida que a presença do Outro era marcada nas diferentes zonas do corpo em que as demandas, as preocupações e os interesses dos pais se localizavam. Estes eram divididos em orais, auditivas, vestíbulo-cinestésicas, genitais e anais, através de um processo do que Harry Stack Sullivan chamou de "segregação simbólica" do corpo.

Para Stephen, essas zonas do corpo tornam-se locais em que a resposta e a não resposta do Outro se inscrevem, de modo que atividades ingenuamente tidas como autoeróticas possuem, na verdade, uma subestrutura complexa, que pode envolver vingança, retaliação e raiva. Se elas funcionam aí como um refúgio da decepção, as inspirações de raiva e vingança passam a fazer parte delas. É sabido, aliás, que os ataques ao corpo do sujeito na primeira infância frequentemente ocorrem após experiências de rejeição ou abandono. Se concordarmos sobre eles poderem ocorrer bem antes da constituição do eu, cabe perguntar se decorre daí que eles incorporem ataques a outra pessoa.

O ódio e a raiva, aqui, não são corpos estranhos, antitéticos à sobrevivência, mas podem manter o indivíduo vivo. Se algum tipo de ligação positiva cerca as primeiras interações com a pessoa cuidadora, centradas nas funções vitais de alimentação, comunicação e tato, o bebê continua a lutar por sua existência. Sem isso, as próprias funções biológicas ficariam desprovidas da "animação" de que precisam e, em função do desapontamento, a vida correria perigo. "Desapontadas, as zonas de prazer do próprio corpo são o primeiro 'inimigo' de seu bem-estar do qual o organismo toma consciência, anteriores a todos os inimigos externos." Daí a virada da raiva contra si mesmo. Quando, mais tarde, essa raiva é capaz de se voltar para fora, na criação de inimigos externos, o bebê se salva, em certo sentido. Aqui, o ódio e a raiva trazem em si uma função vital, que protege o bebê de um desespero ameaçador da vida.[25]

Apesar de reconhecer a acuidade dessa abordagem, devemos questionar nosso vocabulário. Será que a raiva, para usar a expressão de Marx, é sempre "raiva de si mesmo"? E devem a raiva e o ódio ser associados, ou, ao contrário, distinguidos um do outro? Se alguém está andando de metrô e a pessoa sentada a seu lado começa a mastigar ruidosamente, a sensação de fome violenta pode ser inequívoca, combinada com a impossibilidade de fazer ou dizer alguma coisa. Nenhuma reação parece possível. Nessas situações, à medida que aumentam os níveis de agitação e fúria, o corpo "fica em suspenso", como diz Clémence Ortega Douville. Mas será realmente possível descrever essa tensão e essa excitação autônomas crescentes como uma raiva de si mesmo, ou, exatamente, como diz Douville, uma raiva simplesmente em suspenso?[26]

Curiosamente, o etólogo Konrad Lorenz acrescenta uma ilustração autobiográfica a seu famoso estudo *A agressão*, a respeito da experiência de uma situação semelhante quando foi prisioneiro de guerra. Quanto mais próximas as pessoas estão umas das outras, diz ele, ligadas por uma compreensão e apreciação mútuas, mais baixo, e não mais alto, é o limiar de sua hostilidade contra "pequenas idiossincrasias", como espirrar ou pigarrear. A pessoa reage então a esses acontecimentos "de um modo que, normalmente, só seria adequado se ela levasse um tapa de um bêbado".[27] Todavia, como um dado crucial, as sensações provocadas não podem se expressar diretamente.

Mas e se a pessoa então batesse em si mesma, como às vezes fazem adultos e crianças, quando sentem que não há nenhuma reação disponível para eles? Seria isso voltar a raiva contra si mesmo — talvez por não ser capaz de reagir — ou contra o Outro dentro de si mesmo, ou, simplesmente, criar o impacto ausente? Essas perguntas precisariam ser exploradas em bases individuais e levando em conta a estrutura clínica, mas devem incentivar-nos a pensar duas vezes antes de presumir que uma "virada contra si mesmo" é sempre transparente ou automática, em algum sentido, quando a raiva não pode se expressar.

Igualmente, quando uma virada contra si mesmo parece evidente, isso não pode ser interpretado de imediato como um ricochete. Conforme explicou um analisando: "Odiar a mim mesmo é mais fácil do que sentir falta de alguém. É que, pelo menos, a gente não está pensando em outra pessoa. Não que isso torne mais fácil resolver o problema, porém ele fica mais contido, já que só diz respeito a nós mesmos". Ou, nas palavras de outro analisando: "Odiar a mim mesmo me dá uma identidade. Sem isso, sou apenas um nada. Mas tenho que ir disso para algum lugar. É como ter que fazer alguma coisa, depois que a gente deixa de fumar".

Mesmo quando a direção da hostilidade se inverte, o mesmo problema persiste. Quando Freud escreve que "Realmente, é como se nos fosse necessário destruir uma outra coisa ou pessoa, para não destruirmos a nós mesmos, para nos prevenirmos contra o impulso de autodestruição", quem e o que é esse "nós mesmos" é algo que não pode ser considerado como dado.²⁸ Evocar o imaginário, no qual as confusões eu-outro parecem ser lugar-comum, é apenas uma resposta parcial a isso, uma vez que o problema clínico e conceitual reside, precisamente, em explicar a negatividade que não pode ser incluída aí, como veremos adiante com mais detalhes.

De modo similar, poderíamos indagar se a frustração e a raiva sempre levam ao ódio. Erich Fromm assinalou, muitos anos atrás, que o bebê pode vivenciar uma aflição e uma impotência profundas com sua situação, mas o ódio só é introduzido quando os atos parentais impedem sua busca de vida e o estabelecimento da própria subjetividade, além de qualquer registro de necessidade. "É a frustração da expansividade, o rompimento da tentativa da criança de se afirmar, a hostilidade que irradia dos pais — em suma, o clima de repressão — que cria na criança o sentimento de impotência e a hostilidade proveniente dele."²⁹

A ideia de que um bebê de um mês, por exemplo, possa detestar um genitor é mais sugestiva da fantasia parental que do afeto do próprio recém-nascido, embora, é claro, com o correr do tempo a primeira certamente possa contribuir para moldar o segundo. René Spitz distinguiu o "incômodo desamparado" do bebê do "ressentimento específico" que pode se desenvolver a partir dele, quando o genitor é reconhecido como causador de privação, e houve época em que se debateu amplamente, na psicologia, se a frustração sempre leva à agressão, para começo de conversa.³⁰ Essa chamada "hipótese da frustração-agressão" foi questionada, e pareceu a muitos que a injeção de significados era o operador crucial nesse caso.³¹ Se a agressão realmente parece acompanhar um caso de frustração, será que isso não é consequência de como a própria aparente frustração é interpretada, digamos, como uma injustiça ou uma rejeição?

Em casos que parecem dominados por uma violência e um ódio generalizados, é frequente esse metabolismo ficar claro. A frustração pode estar ligada a uma falta de confiança no Outro, produtora de uma raiva que só pode ser moderada se ele mantiver um controle total das fontes de suprimento. Enquanto ele for o único provedor de suprimentos, de satisfação ou de prazer, a frustração se inverterá. Quando essa posição ficar comprometida, a falta de confiança retornará de forma devastadora. Todos os analistas, de Annie Reich a Spitz e a Lacan, interessaram-se por como o bebê entende a incapacidade do Outro de responder, na situação inicial de frustração, e todos postularam processos identificatórios, tidos como estabelecedores do ideal, ou do supereu, ou de ambos.[32] Quando a criança se identifica com um ponto que marca a onipotência do Outro — nesse momento de não resposta —, questionar isso traz o risco de transformar a frustração numa forma persecutória de privação.

É importante reconhecer a originalidade dessa abordagem. Uma suposição muito difundida sobre o eu primitivo foi a de que ele era formado em torno de experiências de prazer. Um "eu prazer" arcaico era construído a partir de experiências aparentemente positivas, enquanto tudo que era considerado desprazeroso era rejeitado e passava a constituir o "exterior". Sem negar a importância dessas experiências, o ponto frisado por Reich, e especialmente por Spitz, foi que, na verdade, eram os momentos de negatividade, de encontro com uma negação ou frustração, que estabeleciam os núcleos desse eu, os elementos principais de identificação. Dito de maneira simples, nós nos identificamos com aquele que mais nos frustra, e Lacan ampliaria a teorização de Spitz com argumentos sobre a maneira exata pela qual esse processo ocorre, e quais são suas vicissitudes no correr da infância.

Se levássemos a sério essa linha de pensamento, a teoria da libido se tornaria mais complicada, pois envolveria atos de significação que podemos supor que ocorreriam sequencialmente, bem como revisando uns aos outros. A raiva e talvez o ódio, portanto, seriam inflexões ou vetores, embora ainda não haja razão para supor que a libido tenha que ser uma única força não conflitual, para começo de conversa. Assim, as misturas descritas por Stephen se evidenciaram não apenas nas chamadas práticas autoeróticas mas também nas relações sexuais em termos mais gerais. A introdução da dor, da crueldade, da coerção e da lesão física pode fazer parte da vida erótica em doses discretas ou não tão discretas, não importa como elas sejam emolduradas e atenuadas por correntes de afeição. Em algumas ocasiões, elas podem parecer absorvidas por estruturas de fantasia, porém o seriam menos em outras ocasiões, chocando-se com a posição que o sujeito construiu para si. Isso, é claro, não é novidade para os psicanalistas, mas a simples rotulação desses fenômenos como "gozo" deixa inteiramente inexplicada a sua gênese.

O QUE STEPHEN e outros analistas mostraram é que momentos de atividade e foco autoeróticos, aparentemente autocentrados, deixam transparecer uma estrutura relacional, uma ligação com o Outro que pode não ser dialética, mas continua absolutamente presente. Uma paciente descreveu que coçava furiosamente seu braço, a ponto de dilacerar a pele. Embora se intrigasse com isso e não entendesse por que se sentia compelida a fazê-lo, tornou-se claro que tudo havia começado não muito depois de ela ter visto o corpo do pai jazendo em seu caixão. A paciente havia estendido a mão para tocar o braço dele e se impressionara ao constatar como estava frio. Ao esfregar com tanto vigor o próprio braço, explicou ela, "eu podia ressuscitá-lo" e aquecer o braço dele mais uma vez.

A maioria de nós concordaria com o uso do termo "gozo" nesse caso, para caracterizar uma atividade autoerótica compulsiva contra a qual a pessoa luta, mas que não consegue impedir; no entanto, façamos um exame mais criterioso. A atividade só envolve autoerotismo na medida em que o corpo do Outro é incluído no do sujeito — o braço é, simultaneamente, o do pai — ou, como alternativa, na medida em que um significante como "aquecer o braço" ou "o braço precisa ser coçado" opera autonomamente. Poderíamos afirmar que, aqui, é exatamente a autonomia do significante que legitima o uso do termo "gozo", ou, repetindo, a natureza não dialética da ligação com o Outro.

Poderíamos ir mais longe e dizer que a atividade furiosa de ressuscitação talvez escondesse uma intenção agressiva, mas nisso existem riscos de uma espécie de antropomorfização ilimitada do corpo, no qual as zonas erógenas e as bordas passam a ser como que habitações dos pais e ancestrais da pessoa. Ao mesmo tempo, é incontestável que algumas partes do corpo podem ser equiparadas ao Outro, numa simulação que, é claro, muitas vezes é incentivada pelo próprio Outro. No romance *Quarto*, de Emma Donoghue, no qual um garotinho fica aprisionado com a mãe, ele explica que "pode ser que eu

seja humano, mas também sou um eu-e-a-Mãe", fazendo eco à apropriação materna do filho. Depois que o menino foge, perguntam-lhe:
— Sabe a quem você pertence, Jack?
— Sei.
— A você mesmo.
— Na verdade, ele está errado, eu pertenço à Mãe.[33]

Esse é outro sentido óbvio do termo "gozo", para designar a experiência das afirmações do Outro sobre o sujeito, sejam elas coloridas por tendências protetoras, violentas, devoradoras ou absorventes. Isso daria uma bela definição, já que não há na psicanálise clássica uma palavra para designar essa qualidade de gigantesca importância. Ali onde Heinz Lichtenstein, por exemplo, em 1957, pôde descrever a criança como "um órgão ou instrumento para satisfação das necessidades inconscientes da mãe", o termo de Lacan supre o rótulo.[34] O gozo designaria a hipoteca do Outro sobre o sujeito, no próprio processo em que ele o abole ou não o reconhece como sujeito. Mas, se concordarmos com esse uso, teremos de reconhecer que ele não é o mesmo, digamos, que a estranha satisfação do sintoma, ou a libido arcaica descrita por Stephen, a menos que suponhamos uma espécie de processo de reflexão. Se quiséssemos ligar de algum modo todos esses elementos, haveria parcimônia em dizer apenas que o gozo, nesse caso, significa uma relação objetal em que a subjetividade de uma das partes é abolida.

Isso seria inaceitável para muitos analistas, que acreditam que o reconhecimento da subjetividade é exatamente o que define as relações de objeto, mas a colocação de Lacan — e a de Stephen — é que as relações com o Outro incluem essa dimensão, amiúde apavorante e destrutiva. A vantagem de uma teoria como a de Stephen é que ao menos ela oferece um arcabouço explicativo para alguns desses cancelamentos, com sua revisão da teoria do autoerotismo, ao passo que, muitas vezes, o uso lacaniano atual os afirma como um fato, mas não os explica. Similarmente, quando usamos o termo "gozo" para denotar a sexualização da dor e do ódio, ou simplesmente a mistura de sofrimento e prazer ligada às zonas erógenas do corpo, com certeza também saímos perdendo no alcance explicativo de uma teoria.

Outra complicação é trazida pelo fato de que, nos esforços de desvinculação das afirmações feitas pelo Outro, é comum ocorrer uma forma poderosa de autoanulação, ou automutilação, ou autodestruição. Discutiremos isso com mais detalhes adiante, porém gostaríamos de assinalar agora que o que Freud chamava de "masoquismo moral", ou de "misteriosas tendências masoquistas do eu", consiste, com frequência, numa tentativa de negar a posição que se tem de objeto para o Outro, e, portanto, o próprio gesto de autodestruição pode ser uma aspiração à vida e à subjetividade. Quando se fica preso num ideal mortificante, destroçá-lo pode significar destroçar aquilo que se é para o Outro, um ato que pode envolver o estilhaçamento não apenas das atividades e interesses da pessoa, mas também de seu próprio corpo.

Os filmes de terror e de suspense tendem a ilustrar isso com mais clareza do que as narrativas do desenvolvimento infantil. Um perseguidor, um vizinho, uma cuidadora ou uma babá assume um interesse excessivo pelo protagonista, um interesse que tem em seu horizonte alguma forma de posse. A maior parte do filme consiste então nos esforços do protagonista para se desvincular desse desejo, através de tentativas de diálogo, ou de apelos, ou de retaliação e, por fim, em geral, da violência recíproca. Embora esses cenários destaquem muito bem os riscos elevados de se vivenciar uma reivindicação sobre o próprio ser e a importância de fugir dela, a reciprocidade retratada raramente se acha disponível: ferir a si mesmo é mais fácil, nesse caso, do que ferir o outro.

Podemos discordar de Freud ou de Stephen em muitos aspectos de seu pensamento sobre essa questão, porém ao menos eles nos oferecem formulações que não são simples descrições: em Freud, o papel da censura, do recalcamento e da codificação, e em Stephen, a intensa ambivalência que domina a própria criação da libido. A hibridação do prazer e da dor é teorizada, em contraste com nosso uso habitual do termo que tende a barrar qualquer pergunta. Em sentido geral, o que o termo "gozo" obscurece aqui é a relação com o Outro, escondida sob o que é apresentado como uma satisfação "autoerótica" não relacional.

Mas, como mostrou Freud, o autoerotismo não é uma estrutura primária. Falar em "gozo autoerótico", como se isso excluísse uma referência ao Outro, pode ser precipitado, e nem mesmo os apelos ao par alienação/separação revelam-se sempre úteis nesse caso, pois é fácil esquecer que aquilo de que nos separamos pode não ser simplesmente o objeto, mas também o Outro. Como observou Terri Cheney, nos momentos aparentemente fechados em si em que ela pressionava uma lâmina contra a própria pele, era sua mãe que ela estava cortando: "O fato de eu ferir meu corpo não me ocorria, na verdade. Não era essa a sensação. Eu era criação da minha mãe, e cada corte machucava a ela, não a mim".[35]

DE QUE MODO OS OUTROS pós-freudianos abordaram essa questão? Os primeiros analistas podem ser mais ou menos divididos entre os que levaram a sério não tanto a pulsão de morte — que é uma espécie de pista falsa —, mas a ideia de que há uma satisfação no sofrimento.[36] Termos para designar isso foram introduzidos algumas vezes, mas, em geral, não tiveram sucesso. Edoardo Weiss falou em *destrudo* — termo citado por Lacan — e Paul Federn falou em *mortido*, ambos apontando a evidente energia de uma força destrutiva no sujeito.[37] O termo de Federn tem a intenção óbvia de rimar com *libido*, e assim, tal como no *destrudo* de Weiss, há uma separação e não uma assimilação de conceitos. Enquanto as pulsões sexuais visam formas de prazer, as pulsões destrutivas — às vezes assimiladas à pulsão de morte — visam a dor.

Por outro lado, analistas como Michael Balint, Edmund Bergler, Helene Deutsch, Ludwig Eidelberg e Sandor Rado sustentaram um modelo de libido que tendia a incluir a raiva destrutiva. Para uma compilação bizarra mas maravilhosa de passagens da história analítica em que o prazer e a dor são retratados como fundidos num só, podemos consultar o livro genial de Nathan Leites, *Depression and Masochism*.[38] A partir da década de 1930, esses e outros analistas, especialmente nos Estados Unidos, vieram a complicar as distinções aceitas entre prazer e dor, o que levou a muitas releituras criteriosas de Freud. O ponto mais óbvio a ser frisado é que equiparar o prazer a uma redução da tensão no aparelho psíquico e equiparar a dor ao aumento dela envolviam uma redefinição problemática dos próprios termos.

Isso sempre fora visto como um alicerce fundamental da teoria psicanalítica: a psique se empenhava na descarga da excitação, sendo o prazer equiparado a um nível de tensão mínimo, ou pelo menos constante. No entanto, como assinalaram autores pós-freudianos, nem o prazer nem a dor podiam ser tão nitidamente identificados com as vicissitudes da descarga. As reduções e os aumentos de tensão com certeza também não eram equivalentes aos estados afetivos de prazer e dor, mas serviam a uma função metapsicológica mais abstrata. De fato, o próprio Freud havia concluído que o prazer e a dor não podiam ser ligados a um aumento ou diminuição da tensão, uma vez que muitos estados de tensão eram claramente buscados e prazerosos. "Não há dúvida", escreveu ele em 1924, "de que existem tensões prazerosas e relaxamentos de tensão desprazerosos. O estado de excitação sexual é o exemplo mais flagrante de um aumento prazeroso desse tipo de estímulo, mas certamente não é o único."[39]

Os problemas do modelo de Freud eram visíveis. Se ele tivesse afirmado desde cedo que o desprazer "coincidiria com uma elevação do nível da quantidade" e o prazer, com "a sensação de descarga", a teoria do pré-prazer dos *Três ensaios* teria girado em torno de um prazer gerado pela tensão. Mais tarde, ele retornou em vários momentos à teoria original, antes da importante revisão de *Além do princípio de prazer*: já não existe

> uma relação simples entre a força do sentimento de prazer e desprazer e as modificações correspondentes na quantidade de excitação; menos ainda — em vista de tudo que nos foi ensinado pela psicofisiologia — estamos sugerindo alguma divisão diretamente proporcional: o fator que determina a sensação deve ser o *quantum* de aumento ou diminuição da quantidade de excitação num determinado período.[40]

Essa visão da importância do ritmo das mudanças de excitação volta a ser mencionada por Freud logo depois, em "O problema econômico do masoquismo", como se o fator temporal fosse mais significativo do que o quantitativo. Por fim, no *Esboço de psicanálise*, Freud conclui que o aumento das tensões "costuma ser sentido como desprazer, e sua redução, como prazer. É provável, entretanto, que o que é sentido como prazer ou desprazer não seja o grau absoluto das tensões, e sim algo no ritmo de suas mudanças".[41] Essa nova ênfase no ritmo também solapa a implicação do modelo anterior de que o equilíbrio psíquico só é mantido por uma mudança numa direção, da alta para a baixa excitação.

Entre meados da década de 1940 e a década de 1960, houve um questionamento sistemático do modelo energético, no qual a psique era vista como um campo determinado pelas pressões e problemas gerados pela energia em busca de liberação e descarga. A ideia de um sistema que busca o nível mais baixo de tensão parecia implausível, dada não apenas a nova documentação sobre a atividade espontânea do cérebro e dos órgãos sensoriais, na ausência de qualquer estímulo externo, mas também a descoberta dos centros de reforço positivo e aversivo do sistema límbico e, a partir de Hebb, dos efeitos do isolamento aferente parcial. Similarmente, a linguagem do modelo de descarga foi criticamente examinada: falar da energia psíquica "lutando pela" descarga, "fazendo pressão por" ela ou "em busca de" descarga, tudo isso lhe dava qualidades antropomórficas.[42]

O modelo de Freud também foi questionado em termos da teoria dos sistemas abertos e fechados. Ele havia pressuposto uma quantidade fixa de libido dentro de um sistema fechado, de modo que se, por exemplo, uma porção de libido viesse a ser retirada de um objeto, ela teria que ser investida, por sua vez, em alguma parte do corpo ou em outra estrutura psíquica. Como disse Fromm,

> isso está por trás de conceitos como narcisismo, nos quais a questão é *ou* mandar a libido para fora, *ou* recolhê-la de volta a meu próprio eu; está por trás do conceito de impulsos destrutivos, *ou* dirigidos para os outros, *ou* para mim mesmo; e está por trás do conceito freudiano da impossibilidade do amor fraterno.[43]

O vocabulário dos "reservatórios" de libido, usado tanto por Freud quanto por Lacan, pressupunha exatamente isso, como se pode afirmar. Os sistemas abertos, ao contrário, que supunham um modelo relacional, não tinham os mesmos requisitos em termos de quantidade e distribuição da excitação. Poderíamos fazer uma pausa aqui para observar que, apesar de nossa sofisticada "clínica do Real", a maioria de nós ainda subscreve — com ou sem consciência disso — o modelo do sistema fechado e vê a libido como uma quantidade fixa, operando num espaço delimitado. As metáforas e as descrições incorretas do espaço topológico não contribuem para ajudar nesse aspecto.

Balint foi um dos primeiros a apontar o problema do modelo do sistema fechado, e afirmou que todas as questões de regulação e descarga precisavam ser vistas pela perspectiva da relação do bebê com o Outro. Similarmente, ele leu a teoria do pré-prazer de 1905 num cotejo com o modelo anterior, que identificava a tensão com o desprazer. Distinguiu diferentes variedades de excitação, sendo o "pré-prazer" associado à dimensão cômica e o "prazer final" associado à angústia e ao trágico. Tal como Stephen, Balint viu o autoerotismo como relacional, afirmando que as atividades autoeróticas podiam ser formas de desafio, de uma independência duramente conquistada ou de um consolo.[44]

Outra reformulação amplamente discutida do modelo energético foi extraída da cibernética. A famosa identidade de percepção freudiana pôde ser vista pela perspectiva de uma troca de energia, porém não seria mais exato, argumentou-se, vê-la em termos de uma troca de informações? O importante aqui era menos o volume de excitação circulante no sistema fechado que o processo de codificação e transmissão da informação. Se então acrescentássemos a noção de circuitos de retroalimentação, seria possível prescindir da multiplicação, na psique, de homúnculos que reconhecessem os aumentos de excitação. Basicamente, a ideia foi que o efeito da estimulação consistia menos em aumentar a taxa de descarga — e portanto o antigo modelo de tensão — do que em impor uma ordem e estabelecer um padrão a partir dela, ou seja, codificá-la.

DE TODOS OS PÓS-FREUDIANOS, Bergler foi o que mais insistiu em seu foco no prazer da dor, e baseou nisso todo um sistema, aplicado a todos os tópicos analíticos imagináveis. Para ele, o bebê não tem na paciência uma de suas especialidades e quer as coisas com certa urgência. Isso gera raiva e, assim, o próprio desejo fica ligado à fúria e à experiência do tempo, primordialmente devida a uma situação original de desamparo. No dizer de Bergler, "o controle que a criança tem de seu aparelho muscular chega tarde demais".[45] Ela não pode usar o aparelho motor para expressar sua fúria decorrente do desamparo, e por isso há um rebote no eu. A única saída dessa situação terrível e desesperada é transformar a dor em alguma forma de prazer, e daí a posterior engenharia das decepções.

A libido, portanto, funde o querer e a raiva destrutiva, e a criação de situações de rejeição torna-se seu objetivo primário. Estas são seguidas por um sentimento de indignação moral, que tem assim uma função secundária, o que Bergler chama de "pseudoagressão". É como se o sujeito se enfurecesse com o mundo externo, quando sua verdadeira satisfação está na experiência de privação. E privar-se, afinal, costuma ser mais fácil do que gratificar-se, especialmente nas relações com os outros. Encontrar provas de que se é amado, na verdade, é quase impossível, comparado à busca de sinais de que não se é amado, que sempre parecem estar ao alcance da mão.

Para tomar como exemplo uma ilustração clínica, um analisando chega furioso com a injustiça do seu dia. Sofrendo com uma penosa dor de dente, ele havia marcado uma consulta com o dentista em certo horário, mas, após uma espera de meia hora, saiu de lá, enfurecido. Por que não foi atendido na hora marcada? Por que foi mantido esperando? Ao se retirar, num rompante, ele disse à recepcionista que tinha que voltar para o trabalho, mas, na verdade, não tinha nenhuma obrigação nas várias horas seguintes. Poderia ter esperado e tido o dente examinado, mas, em vez disso, escolheu sair com sua raiva moralista. O resultado, é claro, foi que continuou com a dor de dente, mas encontrou também um foco para sua fúria e seu sentimento de privação. Havia criado a situação necessária em que o Outro o decepcionava, e isso era mais importante do que a realidade de sua dor de dente.

Lacan zomba de Bergler por enfatizar a busca por injustiças aqui, e assinala que o mundo está tão cheio delas que não é preciso procurar muito. Talvez a plateia tenha rido, mas isso, na verdade, é algo que o próprio Bergler diz repetidas vezes: encontrar uma injustiça ou privação importa menos do que o modo como se faz uso dela. De maneira mais interessante, Lacan afirma que as recusas colhidas pelo sujeito neurótico podem ser vistas como esforços para ele se salvar de ser tragado pelo Outro. A coleta de injustiças que Bergler vê no coração da neurose é, na verdade, uma forma legítima e apropriada de fugir do Outro.[46] Ao serem geradas situações de recusa, pode-se criar uma distância.

Não sei ao certo com que seriedade alguém receberia essa explicação da arrogância moral neurótica hoje em dia — e a ilustração acima dificilmente seria lida dessa maneira —, mas ela toca num ponto frisado muitos anos antes por Jones. Ele havia tentado distinguir diferentes níveis atuantes na privação, na frustração e na castração, e julgava que o bebê devia vivenciar as frustrações como privações.[47] Assim, quando o alimento ou o olhar ou o contato não estavam presentes, isso significava não um simples vazio ou ausência, mas que algo estava sendo retido. Daí um ato básico de interpretação que, é claro, poderia então transformar-se no molde de uma vida em que essa situação inicial se reproduzisse: o Outro não cumpre o esperado.

Essa tendência interpretativa encontra eco no vocabulário da dor humana — no qual Jones estava interessado — e, como viria a assinalar Elaine Scarry, introduz quase sempre a terminologia da arma: é "como se me cravassem uma faca", "como se me estilhaçassem com um martelo", "como se alguém me esfaqueasse" etc. Em seu estudo do léxico da dor, Scarry afirma que, basicamente, só aparecem duas metáforas nesse caso: a da arma e a do ferimento, como se a dor fosse representada quer pela imagem de seu agente, quer como o próprio dano corporal: é "como se meu osso estivesse saindo do braço", "como se meu peito estivesse pegando fogo", "como se houvesse um buraco na minha barriga" etc.[48]

Na verdade, será que essa bifurcação também não faz eco à relação da frustração com a privação? Se, no vocabulário da arma, um agente é acrescentado à frustração ou à dor, no do ferimento não há necessariamente a presença de um agente. A operação não ocorreu, e por isso a frustração não é a tomada como equivalente à privação. O quadro clínico estaria mais para o lado de um desamparo vazio, talvez acompanhado por sentimentos de vazio físico. E isso implicaria que a criação de um agente — em outras palavras, a transformação numa privação — seria um caminho de volta à vida. Aqui, o ódio e a raiva acham-se do lado de Eros, fazendo parte do próprio conceito de libido, em vez de serem separados dela.

Bergler discute então uma solução possível em termos do ideal de eu. Dados o desamparo e a dependência iniciais do bebê, será que o investimento numa imagem ideal não ofereceria um caminho para superar essa situação? Uma idealização ou a simples inscrição psíquica de um ponto da bússola poderiam afigurar-se o plano de fuga lógico, mas, para Bergler, a agressão repercutida do bebê simplesmente usa o ideal para gerar mais tormento: a lacuna entre o eu e o ideal é usada como uma nova tortura, para lembrar ao sujeito sua incapacidade de alcançá-lo. O ideal fica a serviço do supereu, "para minar e atacar o eu", embora se pudesse escolher uma definição mais econômica do supereu como sendo, simplesmente, a libidinização da lacuna entre eles.[49]

A ligação da imagem ideal menos com a resolução do que com a dor evidencia-se clinicamente, e levou uma analista como Deutsch a postular a existência de um ideal negativo, uma ideia que talvez tenha parecido estranha a alguns de seus contemporâneos. O ideal de eu cindiu-se entre positivo e negativo, donde a gravitação para identificações que trariam sofrimento e dor.[50] Clinicamente, o que vemos com muita frequência é como a impossibilidade de alcançar uma imagem ideal é seguida por ataques ao corpo do próprio sujeito, o que intensifica o fracasso, ou como, em outros casos, o alcance dessa imagem por meio do sucesso social ou nos negócios tem o mesmo resultado.

Voltaremos a tal questão mais adiante, porém o foco de Lacan na separação do Outro pode esclarecer essa noção de um ideal negativo. Se um genitor mostra desgosto, repulsa ou reprovação diante de algum comportamento ou depósito corporal, em contraste com uma imagem valorizada de como a criança deve ser, é coerente com o esforço de separação do Outro usar precisamente esses elementos como fulcro. Mas isso também significa que a identidade do sujeito nesse nível envolverá alguma coisa abjeta ou repelente, fundida com a satisfação da separação. Mais uma vez, temos um modelo de sensações aparentemente contraditórias, que o termo "gozo" bem pode apontar, mas não explica.

Encontramos uma ideia semelhante em Erikson, um autor que Lacan havia lido cuidadosamente. Em seu artigo clássico sobre "o problema da identidade do eu", ele postula a existência de uma "identidade negativa", que entra em ação quando o conflito e o fracasso desafiam a construção de uma "identidade pessoal" pelo sujeito.[51] O sujeito se identifica com elementos que tinham sido apresentados por um genitor como os mais indesejáveis ou perigosos, "mas, ainda assim, também os mais reais". Uma mãe cujo filho primogênito morreu, e que nunca pôde apegar-se aos filhos posteriores com a dedicação reservada à memória do filho morto, pode produzir uma gravitação para esse filho, como a única maneira de o sujeito ser realmente reconhecido.

Em outros casos, a identidade negativa é ditada pela necessidade de encontrar e defender um nicho próprio contra ideais excessivos, quer exigidos por pais morbidamente ambiciosos, quer aparentemente já realizados por filhos realmente superiores: em ambos os casos, as fraquezas e os desejos não expressos dos pais são reconhecidos pela criança com uma clareza catastrófica.[52]

A ideia de Erikson é que essas identificações com um objeto negativo — ou um objeto parcial — ocorrem em contextos de acentuada alienação, ou na ausência de um reconhecimento autêntico. Aqui, a escolha do sujeito mostra que é "mais fácil derivar um sentido de identidade de uma identificação *total* com aquilo que *menos* se deveria ser do que lutar por um sentimento de realidade em papéis aceitáveis, mas inatingíveis com os recursos internos do paciente" e, é claro, no contexto de um Outro que pode responder seletivamente sobretudo aos traços que encarnam o negativo. O mais de uma identidade, portanto, funde-se com o menos de uma negatividade que pode envolver a autodestruição e a sabotagem.

Assim, um genitor que expressa uma ambivalência inconsciente em relação a um irmão que se destruiu no alcoolismo pode reagir, em seu filho, especialmente aos traços que parecem apontar para uma repetição do destino do irmão. Aqui, a identidade negativa pode "assumir mais realidade para o filho do que todas as suas tentativas naturais de ser bom": além da identificação com a imagem "positiva", existe a identificação poderosamente valorizada com aquilo que é rejeitado e condenado. O interesse do pensamento de Deutsch e Erikson, nessa questão, está em como eles apontam certa identificação com um polo de negatividade diferente do que seus contemporâneos viam como masoquismo, e que eles veem como uma consequência de formas diferentes de alienação ou impossibilidade.

O sujeito em análise, comenta Erikson, pode experimentar uma "busca radical do fundo do poço", entendido aqui como "o limite último de regressão e a única fundação sólida para uma nova progressão". Portanto, trata-se menos de uma questão de adaptar o sujeito às aspirações sociais e aos limites de seu eu que de acompanhá-lo até esse ponto de negatividade máxima e, depois, tentar encontrar um modo de operacionalizá-la. Essa é a ideia do que é mais "real e necessário" no mundo do sujeito, no sentido, para Erikson, de uma autenticidade. Embora suas sugestões de estratégia transferencial e de "desenvolvimento" posterior não sejam convincentes, a descrição da identidade negativa é bastante precisa.

A seguirmos essa linha de pensamento, o que chamamos de objeto como "condensador de gozo" não é o simples resultado das operações quase anatômicas que Lacan descreve em seu seminário sobre o *pavor*, mas a apropriação do limite do repúdio parental. Com muita frequência, o objeto de "gozo" é explicado na literatura lacaniana como o produto da semeadura do corpo pela linguagem — tema a que voltaremos mais adiante —, com o investimento dos chamados objetos *a* preparado por sua localização nas bordas do corpo. Mas isso não é o mesmo que tomar o objeto como a cristalização daquilo que o genitor rejeita, dando-lhe, portanto, um valor especial como ponto de separação. Depois que ele assume esse valor eletivo, ele funde o horror com a satisfação e gera um ritmo de atração e repulsa.

De acordo com esse modelo, o objeto continua a ser um "índice" do desejo do Outro, como diz Lacan, mas sua gênese é especificamente relacional, e sua posição particular para o Outro explica sua ambiguidade afetiva: é porque o Outro o rejeita que ele tanto é rejeitado quanto se identifica com ele. Ora, esses dois modelos do objeto estão presentes em Lacan e são rotineiramente citados, entretanto são muito distintos. Afirmar que, na verdade, são um único e mesmo modelo, porque a topologia é a mesma, seria uma solução elegante, porém, mais uma vez, devolve-nos ao ponto de impasse, visto que a topologia em questão é, na melhor das hipóteses, puramente descritiva, e não explicativa.

Também poderíamos perguntar que relação têm essas duas formas do objeto nos casos individuais. Com certeza, para o objeto que alguém foi no desejo parental é mais frequente ser diferente do objeto eletivo que causa o desejo na fantasia. Às vezes eles coincidem, mas não na maioria das situações. Para os lacanianos puristas, isso não significa admitir mais do que uma fantasia — como Freud tinha feito —, já que o objeto causa do desejo pode ser situado como uma espécie de solução para o outro status de objeto. No entanto, talvez fique em aberto a questão de saber se a fantasia deve estar sempre no singular. Os casos clínicos e as descrições pessoais que reduzem uma vida a um único axioma de fantasia raras vezes são convincentes e, com frequência, têm o ar de autodenúncia dos julgamentos de fachada de estilo soviético.[53] Em alguns casos de psicose, por outro lado, a crença num único axioma da fantasia pode ser útil para o sujeito.

AS EXPLICAÇÕES DOS PÓS-FREUDIANOS sobre a primeira infância também destacam um outro problema. Bergler tinha enfatizado o desamparo motor da criança, um tema que Lacan também valorizou em sua versão dos primórdios da vida. Para Bergler, isso significa não só que o bebê não pode praticar certos atos e comportamentos, mas também que a fúria não pode se expressar, o que gera discórdia interna, agitação e culpa. Concordemos ou não com ele sobre a existência de uma culpa arcaica, resta-nos a questão de situar a aflição inegável e o sentimento de urgência corporal e psíquica que se evidenciam nos primeiros meses e anos de vida.[54] O que acontece com isso? Será que é incorporado a estruturas simbólicas, negado, redirecionado ou absorvido de algum modo?

A questão dessa agitação e dessa raiva não utilizáveis não pode ser incluída apenas em estruturas de talião, geralmente equiparadas à agressividade imaginária, ambas devidas à sequência de desenvolvimento e não à reciprocidade envolvida. As explicações lacanianas tendem a deixá-la completamente de lado, concentrando-se, em vez dela, num gozo ligado à imagem como tal, e as exposições do próprio Lacan sempre destacam esse aspecto. Os textos da década de 1930 evocam o deleite da criança diante desse reflexo, posteriormente teorizado em termos de uma transfusão de libido para a imagem, e até em

A terceira, de 1974, Lacan diz que *"Le corps s'introduit à l'économie de la jouissance par l'image du corps"* [O corpo se introduz na economia do gozo pela imagem do corpo].⁵⁵

Isso é difícil de conciliar com algumas outras formulações lacanianas. Também é frequente ouvirmos que *"dès qu'il y a un corps, il y a jouissance"* [desde que haja um corpo, existe gozo], com o sentido habitual da emergência de um corpo puramente físico e, às vezes, com o sentido de um corpo criado pelo simbólico. Seja como for, a ideia do significante como condutor de gozo parece curiosamente ultrapassada, aqui, pela referência à imagem do corpo. Por que Lacan não diz "o significante", ou "o simbólico", em vez de *"l'image du corps"*? Afirmar que isso se deve ao fato de ele não dizer *"jouissance"*, e sim *"l'économie de jouissance"*, só faz piorar as coisas, na verdade, já que é difícil pensar numa economia sem ter ao menos a ideia de um significante. Então, por que a imagem do corpo, e por que a suposição de um investimento libidinal primário, operando através do registro especular?

Lacan introduziu sua teoria do estádio do espelho em 1936, no congresso da Associação Psicanalítica Internacional em Marienbad. Embora não tenha restado nenhuma cópia do artigo original, ele viria a reescrevê-lo e a publicar uma versão em 1949, sem dúvida significativamente modificada, em função de sua leitura e sua experiência nos anos decorridos desde então. O contexto deste último artigo inclui estudos do fim do século XIX e início do século XX sobre a mímica, a sociologia da Escola de Chicago e o trabalho de neurologistas, psicólogos infantis e analistas nas décadas de 1920 e 1930.⁵⁶ A descrição-padrão do estádio do espelho é mais ou menos assim: confrontado com seu estado de desamparo e insuficiência motores, o bebê se identifica com uma imagem de inteireza e completude situada fora dele mesmo, fornecida pelo espelho ou pela imagem de outra criança que seja ligeiramente mais velha.

Essa é uma "unidade virtual alienada", e a "assunção" dessa imagem terá diversas consequências: se a criança A se identificar com a criança B, a criança A quererá tudo que a criança B quiser. O campo da competição e o valor dos objetos são, pois, criados simultaneamente, junto com uma agressividade interna que, a partir de então, caracterizará o eu humano. O investimento na imagem corporal é tomado aqui como a primeira rota para a canalização da libido, inicialmente marcada pelo que Lacan chama de "júbilo" diante do reflexo no espelho.

Aqui, a fisiologia inicial do bebê é de prematuridade. Ao contrário da maioria das outras espécies, o recém-nascido humano é inteiramente dependente, para sobreviver, das pessoas que cuidam dele. Nascemos cedo demais, e essa prematuridade — descrita e popularizada nas teorias de Louis Bolk — tem algumas consequências.[57] O bebê procura um meio de superar seu desamparo motor e de transcender o que Lacan chama de "caos" de seu estado fisiológico inicial. A imagem do espelho oferece uma espécie de solução, apresentando uma coerência que o bebê só pode antecipar, e exercendo uma atração gravitacional em relação ao estado de discordância do corpo. A alegria do bebê está no "triunfo imaginário pela antecipação de um grau de coordenação muscular que, na realidade, ele ainda não alcançou".[58]

Essa teoria básica viria a ser reformulada nos anos 1950, do começo a meados da década, com uma nova ênfase nos processos simbólicos, em contraste com os imaginários. Filósofos e psicólogos já insistiam no fato de que as imagens estavam ligadas a sistemas simbólicos, e usavam os termos "imaginário" e "simbólico" para discutir as relações entre eles. Como disse Ignace Meyerson, "uma imagem nunca é apenas isolada na mente; faz parte de um sistema de signos".[59] Para Lacan, a assunção do estádio do espelho dependeria de como o(a) genitor(a) situa essa imagem para a criança, das palavras que usa para expressar a ligação com a imagem e das outras associações e conexões que podem ser estabelecidas por esses momentos.[60]

Com o uso de uma série de experimentos reais e ideativos que utilizam espelhos, Lacan afirma que o Outro parental é o agente decisivo para orientar o espelho e, a partir daí, permitir que a imagem do corpo se estabeleça e receba investimentos.

Essas considerações esclareceram os mecanismos básicos da identificação e lançaram uma nova luz sobre o material clínico, ao mostrarem, por exemplo, que era possível alguém se desvincular de sua própria imagem, em momentos em que entrava em questão o modo como imaginava ser percebido pelo Outro.

Agora, já não eram apenas a criança e a imagem, mas a criança, a imagem e o Outro parental que segura o bebê para ver a imagem e ajuda a ligá-la aos dois. A criança, no dizer de Lacan, sempre se volta para o adulto em busca de "assentimento", para ratificar o valor da imagem, e assim, nossa ligação com nossa própria imagem corporal depende de um relacionamento, isolado como um ponto de perspectiva no Outro.[61] Lacan usa a diferenciação freudiana entre ideal de eu e eu ideal para teorizar essa dinâmica: a imagem ideal que a criança assume é o eu ideal, ao passo que o ponto parental do qual ela se vê como digna de amor é o ideal de eu. A constituição do eu ideal depende estritamente do ideal de eu.

A grande revisão seguinte da teoria do estádio do espelho veio em artigos do início da década de 1960 e no seminário de Lacan sobre o pavor. Aqui, a questão é a distribuição da libido dentro e fora do corpo e, embora a imagem corporal continue a ser a superfície primária de investimento, Lacan agora se concentra numa libido "autoerótica" ou "gozo autístico", que não segue o caminho do investimento especular, mas permanece arraigado ao corpo.[62] Isso não pode ser apreendido no registro imaginário nem no registro simbólico, e, ao ser tocado por certos distúrbios na estruturação da imagem do corpo, o resultado pode ser a angústia. A imagem do corpo é grafada como $i(a)$, e a libido autoerótica que resiste à transformação, como $(-\varphi)$, e depois como a.

Se essas considerações são úteis, voltemos agora para o que é mais problemático na teoria do estádio do espelho. Para começar, muitas suposições comumente feitas sobre o comportamento do bebê são questionáveis. A imagem do espelho é tida como uma fonte de domínio parcial, e o encontro do bebê com ela, como uma fonte de júbilo. De fato, porém, está longe de ser esse o caso. O reflexo no espelho pode ser perturbador, fonte de angústia e mal-estar, em vez de júbilo. A criança pode recuar do espelho, esconder-se dele ou ficar agitada. Do mesmo modo, a cronologia proposta é ligeiramente exagerada: Lacan a situa entre os seis ou oito e os dezoito meses, quando é sabido que há um interesse muito mais precoce pelas superfícies refletoras — pelo menos desde os três meses — e uma complexidade muito maior dentro do período evocado por Lacan.

A ideia de que pode ocorrer um "estádio" ou "fase" na primeira infância, com duração de dez a doze meses, não se coaduna realmente com a observação clínica, e é tentador interpretar essa sempre citada cronologia como exemplo, justamente, da falsa unidade que Lacan pensa ser buscada pela criança.[63] Esse belo pedacinho de teoria, passível de ser datado com clareza, não oferece nada menos que uma imagem coerente do desenvolvimento da criança, enquanto, na verdade, mascara uma sequência muito mais complexa, bem como um exame superficial de várias perguntas não respondidas sobre o corpo do bebê em sua relação com os que cuidam dele. Chamar simplesmente de "caos" o estado do bebê anterior ao estádio do espelho, como faz Lacan várias vezes, fecha um campo rico de pesquisas sobre os processos simbólicos, corporais e afetivos primários.

Os psicólogos que realmente atentaram para a sequência do desenvolvimento descobriram nela mais diversidade do que unidade. Em seu célebre estudo, Beulah Amsterdam dividiu a relação primitiva com o espelho em aproximadamente quatro fases diferentes.[64] Dos três aos doze meses, a imagem refletida é vista como um parceiro de brincadeiras, gerando um comportamento sociável e sorrisos, e às vezes incluindo uma expressão de prazer, ou o que Henri Wallon chamou de "sensação de sucesso".[65] Mas aqui o foco da atenção pode ser menos a ideia de uma imagem "inteira" do que partes específicas do corpo e movimentos dos membros. Quando Lacan descreve "o êxtase interminável quando [o bebê] vê que os movimentos no espelho correspondem aos seus", pode não ser inteiramente correto, dada a possibilidade de uma gama de respostas diferentes.[66]

De modo similar, se há um prazer obtido ao mapear correspondências, ele pode ser diferente da relação mais ampla com a imagem do espelho. O primeiro foi chamado pelos psicólogos, em certa época, de "prazer da realização", com o sentido de uma alegria específica por ser a causa de algo: os movimentos criados na imagem seriam o resultado direto da criança.[67] Mas isso parece diferente do vetor de antecipação com que Lacan caracteriza a relação com a imagem do corpo como tal. Amsterdam achava que o riso e a alegria que ocorrem posteriormente nesse processo, por volta dos oito meses, podem ter menos a ver com o sentimento de autorreconhecimento do que com a descoberta de outra criança no espelho. No tocante ao júbilo quando o pai ou a mãe segura a criança no colo diante do espelho, o que Lacan situa aos seis ou oito meses, ele pode ocorrer em alguns casos, mas não em outros, e seria difícil vê-lo como uma marca de desenvolvimento do suposto processo psicológico.

É interessante observar que as explicações lacanianas tendem a unir o júbilo na assunção da imagem com a soldagem do nome próprio, um atamento que tem em si uma qualidade delirante. A ideia de que o bebê aprende seu nome através da imagem refletida e vice-versa não é plausível, embora os processos de denominação envolvam, é claro, uma interação com o Outro. A mãe pode dizer "Cadê a Jane?" e apontar para a criança com um "Está aqui!". À medida que isso se repete, Jane pode apontar para si antes que a mãe responda à pergunta, e o intenso júbilo, nesse caso, com certeza estará primeiro do lado da mãe, num deleite que terá consequências, se estiver ausente. Conforme a mãe diz, então, algo como "Sim, ela está aí!", a introdução do nome surge como o que Martha Wolfenstein chamou de "prelúdio" de um reencontro amoroso, no qual a criança talvez espere recapturar uma intimidade mítica perdida.[68] Assim, o nome "assume uma aura de sentimentos mistos, de pesar e frustração, bem como de amor e orgulho".

Por volta de um ano de idade, a curiosidade é maior, incluindo esforços para tocar na superfície do espelho, olhar atrás dele e fazer vocalizações. No entanto, logo depois disso os bebês parecem mais retraídos, chorando, evitando seu reflexo e se escondendo. Alguns pesquisadores atribuem o medo, a confusão e o mal-estar a um momento anterior, que remonta a pelo menos oito meses antes, no qual a aflição e o retraimento do reflexo realmente precedem o deleite. A partir de um ano de idade, 90% dos sujeitos de Beulah Amsterdam retraíram-se do espelho, ou, quando permaneciam diante dele, às vezes comparavam partes de seu corpo no espelho com as de seus pais. Entre os catorze e os vinte meses, pode haver embaraço, olhares acanhados para o espelho e macaquices. O que muitas vezes se iniciara como uma experiência de assombro torna-se perturbador e inquietante.

Essas e outras observações mostram que a relação com o espelho envolve um processo complexo, com momentos múltiplos, e não uma única dinâmica estrutural. Embora o estádio do espelho realmente se apresente dessa maneira muitas vezes, Lacan claramente discerne nele uma sequência, como vemos no artigo de 1949 no qual ele se refere à "conclusão" do estádio, bem como em seus comentários de 1954 no seminário sobre os artigos técnicos de Freud. O movimento parte da identificação para o transitivismo, apresentados não como equivalentes, mas como momentos distintos. Isso é marcado por uma mudança na carga libidinal: "De repente", diz ele, "o comportamento muda por completo".[69] O fator-chave é o "desaparecimento", por volta dos dezoito meses, do júbilo que estava presente aos oito meses de idade: agora, o espelho torna-se apenas mais uma experiência entre outras, indicando que um processo de introjeção simbólica já ocorreu.

Mas, se o estádio do espelho começa aos seis ou oito meses, tendo por "traço fundamental" a exultação em relação à imagem refletida, será que ele dura mesmo todo esse período, e depois, assim de repente, muda por completo aos dezoito meses? O estádio do espelho, diz Lacan, desaparece no momento do transitivismo, quando "a imagem da forma do outro é assumida pelo sujeito" e a criança se conscientiza dela própria "como corpo". Assim, a sequência vai do bebê em regozijo, ao assumir um domínio que ainda não havia atingido, passa pela "intermediação da imagem do Outro" e chega a uma assunção desse domínio "dentro de si", que é como nos conscientizamos de nós mesmos como corpo.

O estádio do espelho, portanto, tem um ponto final, e talvez seja somente aí que a cronologia de Lacan coincide com a dos psicólogos. No famoso teste da marca diante do espelho, uma criança recebe uma marca na testa ou no nariz, às vezes enquanto está dormindo, e depois depara com um espelho. Não é senão a partir dos quinze meses de idade que na maioria dos casos ela irá tocar na própria testa ou nariz, depois de ver seu reflexo, indicando aos psicólogos que a imagem foi captada como sendo a dela mesma. Embora haja alguma discordância quanto ao significado exato da virada para o próprio corpo, comumente se considera que ela assinala que a noção de eu foi estabelecida. E, enquanto o teste da marca tende a ser situado entre quinze e dezoito meses, Lacan indica dezoito meses como a data final de seu estádio do espelho.

Contudo, curiosamente, a ênfase aqui é ligeiramente diferente da conceituação inicial de Lacan. O teste da marca e as mudanças na relação do bebê com o espelho sugerem não apenas um processo de identificação, mas também um reconhecimento do fato de que a criança é visível para si mesma tal como imagina que os outros a veem. Conforme o comentário de Philippe Rochat e Dan Zahavi, trata-se menos de nosso sucesso em identificar a imagem com nós mesmos do que do reconhecimento de que existimos no espaço intersubjetivo, expostos e visíveis para os outros, donde os melindres e a desconfiança do reflexo notados por muitos observadores.[70] Nesse sentido, o que testemunhamos aqui é o reconhecimento da criança de ter se tornado um objeto de observação.

Enquanto o foco inicial de Lacan são as consequências da identificação em termos de uma tensão interna e da criação da rivalidade, os psicólogos e filósofos que estudaram esses fenômenos interessaram-se por saber como adotamos a perspectiva dos outros no momento da constituição do eu, com isso sempre vendo a nós mesmos como um outro. Como disse James Baldwin, o nascimento do eu é, simultaneamente, o nascimento do *alter eu*.[71] A descrição de Lacan certamente inclui essa ideia, e ela é desenvolvida em suas formulações posteriores sobre o ideal de eu, mas estas só entram em perspectiva quando vemos o estádio do espelho como uma sequência e evitamos juntar a identificação e o transitivismo, dois processos que são quase invariavelmente equiparados.

No esquema de Lacan, a identificação ocorre primeiro e o transitivismo só tem lugar no final do estádio do espelho. A partir daí, a única saída do impasse imaginário é por um ato de "transcendência", suprido por alguma agência ou processo simbólico. Sem isso, o bebê corre o risco de permanecer no narcisismo que Lacan qualifica de "letal", e que também fica claro nas observações dos psicólogos: quando o bebê se sai bem no teste da marca no espelho, ele tem igual probabilidade, ao mesmo tempo, de tocar no próprio nariz não marcado, se vir que o nariz da mãe está marcado.[72]

Descrições populares e acadêmicas do estádio do espelho tendem a passar por cima dessa incoerência. A imagem refletida e o pequeno outro ou contrapartida são igualados, mas o primeiro "pequeno outro" que Lacan descreve é, de fato, a mãe. A "falta de coordenação sensorial e motora" da criança, escreve Lacan, "não impede o bebê recém-nascido de ficar fascinado com o rosto humano, quase no instante em que abre os olhos para a luz do dia, nem de demonstrar da maneira mais clara possível que, dentre todas as pessoas à sua volta, ele destaca a mãe".[73] E, imediatamente a seguir, Lacan afirma que "são a estabilidade da postura ereta, o prestígio da estatura e o caráter impressionante das estátuas que estabelecem o estilo de identificação em que o eu encontra seu ponto de partida e que nele deixam sua marca para sempre". A imago materna, portanto, parece funcionar como uma verdadeira matriz da identificação imaginária.

SE AGORA NOS VOLTARMOS para a questão da libido e da imagem especular, a fórmula-padrão é que o canal da visão é a principal via de investimento libidinal, enquanto o restante da libido corporal resiste a essa transferência. Isso equivale a uma falha na imagem, e, quando falta essa própria falha, o resultado é angústia. Sem comentar aqui a teoria da angústia, podemos observar que a própria Beulah Amsterdam é atraída para a discussão da masturbação genital, em seus estudos sobre o espelho na primeira infância da criança. Ela a vincula à vergonha e ao embaraço relativos à imagem, e à ideia de que os órgãos genitais estão agora estabelecidos como uma "entidade separada", "um objeto distinto", com a implicação de que há uma disfunção entre a genitália e a imagem do corpo.[74]

Isso faz eco ao famoso exemplo, discutido por Karl Abraham e comentado por Lacan, da analisanda que "só podia amar o analista, como substituto de seu pai, desde que o aspecto genital fosse excluído", uma exclusão que Abraham considerou afetar também o próprio corpo do sujeito.[75] Para Abraham, isso significa que o objeto não pode ser completamente amado, por causa da presença dos órgãos genitais, mas estes serão também "mais intensamente investidos pelo amor narcísico do que qualquer outra parte do corpo do sujeito". Para Lacan, ao contrário, há uma diferença entre a libido que investe a imagem especular do corpo e aquela que é "preservada dessa imersão, concentrando em si o aspecto mais íntimo do autoerotismo".[76]

Mas será que a imagem especular é realmente a via primária do investimento libidinal? Porventura isso não traz o risco de ignorar todas as outras práticas e atividades infantis que envolvem uma distribuição e geração de libido, funcionando por meio da musculatura e das outras modalidades sensoriais? O fato de estas costumarem ser frouxamente agrupadas sob a denominação de "autoerotismo" não ajuda, especialmente quando este é igualado à masturbação infantil. Como observaram muitos analistas, a masturbação nos primeiros anos de vida correlaciona-se com um afastamento da mãe, e não com uma assimilação a ela. O analista parisiense que tinha em sua escrivaninha um aviso dizendo "Proibido fumar, proibido masturbar-se — rompa com seu desejo da mãe" estava claramente mal-informado. A masturbação genital implica uma fratura da ligação com a mãe e é, ela própria, um processo relacional, como é a maioria das outras atividades preguiçosamente denominadas de autoeróticas.[77] Como mostrou Karin Stephen, as práticas autoeróticas podem ser atos de vingança, represália, reparação e solicitude. Nunca se restringem, por assim dizer, ao eu.

Isso nos leva a um dos principais problemas da teoria do estádio do espelho. Lacan evoca o desamparo e a dependência motores do bebê, seu estado de "perturbação e discórdia orgânicas", e o consequente apelo à imagem de inteireza prometida pela imagem especular. Através da identificação imaginária, cria-se um vórtice de agressão que requer a mediação do simbólico como projeto de saída. Mas o que a teoria deixa de lado aqui são os efeitos do desamparo e da dependência iniciais. O que dizer da raiva e da impotência destrutiva que ela gera, por si só, muito antes de qualquer tipo de assimilação à imagem? Equipará-la à agressão do estádio do espelho certamente não faz parte da conceituação lacaniana, então, o que exatamente acontece com ela? Será que é recalcada, esquecida, foracluída, anulada ou negada, no tipo de *Aufhebung* que Lacan, a certa altura, tinha visto como característica do processo de desenvolvimento?

Se a identificação especular foi tomada por alguns psicólogos como a marca do nascimento de um eu, e por Lacan como característica da constituição do eu humano, o papel da dor nesse processo foi largamente ignorado. Em vez de situar a dor como aquilo que atrapalha a imagem, é possível que ela tenha lugar no próprio estabelecimento da imagem, para começar. Sabemos pela prática clínica, aliás, que a dor é, precisamente, o que apura e define os limites corporais. Muitas pessoas que se cortam ou se queimam explicam que o fazem para se reconectar com seu corpo e, em termos mais profundos, com seu senso de eu. Daí o modo como a fronteira entre a conduta automutilatória e o eu parece cada vez mais difícil de demarcar.

Se a dor pode servir para a reconexão com a imagem, podemos supor que ela desempenhe um papel numa conexão inicial. Curiosamente, o período em que Lacan situa o início de seu estádio do espelho é exatamente aquele em que os bebês talvez comecem a bater neles mesmos durante o curso das reações de raiva. Em sua apresentação de 1951 sobre o estádio do espelho, Lacan se refere à experiência de dor em membros-fantasma — o que hoje seria distinguido do membro-fantasma como dor-fantasma — "como se se vislumbrasse aqui a relação existencial do homem com sua imagem corporal, nessa relação com um objeto tão narcísico quanto a falta de um membro".[78] Mas deve a dor ser vista aqui como um efeito da assunção especular? Ou como uma de suas condições?

A ligação entre o membro-fantasma e a dor-fantasma é significativa. As pessoas podem experimentar a sensação de uma parte do corpo que foi retirada, mas também da dor-fantasma nesse mesmo espaço. A dor, aqui, é apenas uma parte do corpo, tanto quanto teria sido o próprio membro. A existência e a ubiquidade bem documentadas desse fenômeno sugerem que a dor é necessária para que a imagem e o esquema corporais sejam estabelecidos e, a rigor, mantidos. Emergindo depois de uma perda, a dor é aqui menos um corpo estranho do que uma condição do corpo, para começo de conversa.

Houve época em que se afirmou com frequência, na verdade, que a dor não pode ser sentida em partes do corpo que não possam ser percebidas numa imagem. A notória dificuldade de localizar o tecido profundo e a dor interna era vista como uma consequência disso: se falta a imagem do corpo, por exemplo a de um apêndice, é improvável que a dor possa ser situada ali.[79] Correlativamente, no caso da dor-fantasma, ela existe precisamente porque a parte do corpo já foi incluída na imagem. Daí o modo como, com muita frequência, constata-se que a dor se irradia para as seções frontais do corpo, justamente aquelas mais obviamente assimiladas à imagem refletida.

PODERÍAMOS OBJETAR AQUI que a dor decerto designa o que está fundamentalmente fora de nós, mas será que não se poderia dizer o mesmo sobre a própria imagem do corpo? Nossas maneiras de vivenciar e processar nossa corporificação não sugerem, em nenhum nível, que a alteridade esteja eliminada. Quando citamos a definição do eu dada por Freud em 1923, como "antes de mais nada, um eu corporal" — numa tentativa nem sempre plausível de mostrar uma origem da teoria lacaniana do estádio do espelho —, o ponto mais óbvio a frisar é que Freud está falando da dor, descrita como uma sensação que permite ao corpo atingir "sua posição especial entre outros objetos do mundo da percepção".[80] Aqui, é a dor — e não apenas a imagem especular — que sinaliza que o eu tornou-se um objeto, e marca uma fronteira entre o interno e o externo. Em seu famoso discurso para os médicos em 1966, "O lugar da psicanálise na medicina", Lacan diz que o "corpo foi feito para gozar", definindo gozo como sendo da ordem da tensão, do forçamento, do dispêndio [*dépense*], até da proeza. É incontestável que há gozo no nível em que começa a aparecer a dor, e sabemos que é somente nesse nível da dor que se pode experimentar toda uma dimensão do organismo que, de outro modo, permaneceria velada.

A definição é interessante não apenas por sua lista — que inclui a categoria de "dispêndio" de Bataille — mas também pelo foco na dor e em sua emergência, o que implica que ela não é simplesmente um dado corporal.[81]

De tempos em tempos os analistas tinham evocado a ausência de dor no neonato, na suposição de que sentir dor requer uma mielinização dos tratos nervosos que só se concluiria numa fase posterior da infância. Curiosamente, as discussões anteriores sobre a dor sempre haviam tendido a inferir uma sensibilidade mais aguda à dor nos bebês, porém, depois que o pêndulo oscilou na direção oposta, a ausência de anestesia em algumas cirurgias na primeira infância foi considerada indigna de nota. O comentário de Lacan foi feito numa época anterior ao reconhecimento mais recente, na década de 1980, de que os bebês realmente sentem dor, embora ainda haja muitas questões não resolvidas sobre a natureza, a qualidade e a distribuição dela nos primeiros meses de vida.[82] As reações corporais que podemos esperar, digamos, da inserção de uma lente de contato após uma cirurgia de catarata, ou da inserção de uma sonda nasogástrica, costumam estar ausentes, e a ativação cortical concomitante é ambígua.[83]

Em seus estudos da constituição do corpo do bebê, Willi Hoffer viria a afirmar que a dor é, de fato, a mais primitiva superfície definidora. Enquanto Freud havia introduzido a tensão entre um eu arcaico de prazer e aquilo que é rejeitado como estranho a ele, Hoffer afirmou que há, além disso, um sistema primário de diferenciação da dor.[84] Essa ideia respondeu ao problema com que muitos dos primeiros analistas haviam batalhado: o que impediria a intensa frustração e a raiva do bebê de se voltarem para dentro, dada a dificuldade — tanto fisiológica quanto emocional — de voltá-la contra o mundo externo, e especialmente contra o agente da privação, geralmente identificado com a mãe.

Citando alguns dos mesmos trabalhos etológicos que tanto haviam fascinado Lacan, ele evocou a valorização de Jakob von Uexküll sobre a barreira da dor: "A dor forma um dos indicadores mais potentes do corpo do próprio sujeito, e seu dever principal é impedir a automutilação".[85] O biólogo observou que os ratos podem devorar as próprias pernas quando seus nervos sensoriais são seccionados, e que a libélula-marrom mastiga o próprio corpo caso sua parte posterior seja colocada perto da boca. A tendência de algumas espécies à automutilação para salvar a própria vida foi discutida por Ferenczi e Lacan, mas, para Von Uexküll e Hoffer, a dor ocupa um lugar distinto aqui. Só se faz presente quando tem uma função a servir e, no caso do bebê humano, essa função é impedir que a raiva destrutiva se volte para dentro. Portanto, uma superfície de dor precede uma superfície de imagem.

Pesquisas mais recentes sobre a primeira infância também enfatizam a ligação da dor com o eu, ou, pelo menos, alguma forma de estrutura diferenciadora. Philippe Rochat e outros mostraram que até respostas muito primitivas, como o reflexo de orientação da boca, são alteradas quando é a criança, e não a mãe, que toca a superfície do próprio corpo.[86] A natureza reflexa do tato é comumente enfatizada aqui — nós nos tateamos ao sentir —, mas a dimensão da dor está presente, com certeza, nas várias formas de estimulação aplicadas pelo indivíduo a si mesmo: o tocar-se como forma branda de automutilação, de afirmação dos limites do corpo, bem como a importante sensação de ter exercido uma ação causal sobre si mesmo. E pode haver prazer nisso, exatamente nessa qualidade diferenciadora e localizadora da dor.

Bebês e adultos, na verdade, podem se sentir igualmente atraídos por estimular uma parte ferida do corpo, como um machucado, um corte ou uma simples coceira, como que para reativar ou reencontrar uma sensação de dor. O bater a cabeça, que às vezes encontramos em crianças mais velhas, não é incomum durante o primeiro ano de vida, no qual pode assumir formas menos notáveis, e práticas como ranger os dentes, puxar as orelhas, apertar os dedos, esfregar o nariz e coçar a pele também são ubíquas.[87] Como observou Thomas Szasz em seu estudo sobre o prazer e a dor, assim como tocamos uma área do corpo que gera dor, dizemos "estou coçando para fazer tal ou qual coisa", como se houvesse uma equação entre a comichão e a própria vida.[88]

Essa perspectiva era a antítese da suposição de que as primeiras experiências orais da vida compõem-se exclusivamente de prazer, uma ideia certamente derivada da não observação contínua de bebês. A alimentação, nos primeiros meses, é muito comumente precipitada pelo choro da criança, de modo que qualquer "prazer" que possa haver na satisfação oral também está ligado ao desconforto e à raiva.[89] Spitz, aliás, intrigou-se com a ausência de vocalizações primárias de prazer, comparadas às de dor, e acreditou que os padrões motores associados à satisfação eram indistinguíveis dos padrões de incômodo e sofrimento.[90] De fato, muitos observadores haviam notado que movimentos como abanar as mãos podiam acompanhar o que era tido como alegria, raiva e angústia. Em vez de ver a dor como uma sequência do prazer ou uma reação à sua retirada, era como se ela fosse logicamente anterior, e o prazer seria definido através dela, e não o inverso. Similarmente, os movimentos aversivos pareciam ser a norma no neonato, vindo mais tarde os atos de orientação.[91]

Psicólogos do início do século xx, trabalhando, na época, entre a refutação da teoria pseudodarwiniana de um conjunto fixo de padrões inatos de emoção e seu ressurgimento posterior, fariam uma colocação semelhante, situando a dor e a excitação como anteriores à diferenciação de outras emoções. Curiosamente, estados como o choro, identificado com a aflição por muitos pesquisadores subsequentes, foram ligados a um afeto "misto", envolvendo, por exemplo, tensão e alívio, frustração e exultação. O medo e a raiva também foram estreitamente ligados e, para alguns autores, a distinção entre eles pareceu improvável. Para Katherine Bridges, em seu criterioso estudo intitulado *The Social and Emotional Development of the Pre-School Child* [O desenvolvimento social e emocional da criança pré-escolar], uma excitação arcaica transforma-se aos poucos, diferenciando-se em aflição, a qual, por sua vez, divide-se em medo — do susto repentino — e raiva — da interferência.[92]

Quanto à dor, ela foi distinguida como uma sensação que passa rapidamente a se associar a uma reação emocional estabelecida muito antes da alegria, do deleite ou do prazer. Para Hoffer, a libidização real do corpo é secundária ao sistema da dor e reforça a barreira arcaica à dor. Em sua admirável exposição, o corpo inteiro do bebê torna-se, na verdade, um "substituto" do espaço de interações com a mãe: "O bebê encontra um substituto para o primeiro apego estreito com a mãe, do qual precisa ser gradualmente desmamado. Ou seja, ele passa a amar a si mesmo com parte do amor que, de início, era totalmente absorvido em suas relações com a mãe".[93] A libidização, tal como a dor, atua para desviar do eu as reações destrutivas, embora o corpo ainda possa se manter como um espaço em que ocorrem os atos autoeróticos de crueldade e represália relacionais.

A libidização do corpo e a dor funcionam, pois, no sentido de mover a destrutividade para fora, saindo de um sistema de limites que tem que ser criado e não pode ser entendido como dado. E, assim como o eu ideal é afetado pelas mudanças no ideal de eu, produzindo desconexões do reconhecimento da imagem do corpo, a dor pode ser buscada para recolocar a imagem do corpo em seu lugar. A dor é necessária, portanto, para uma assunção do corpo como o corpo próprio, e ajuda a estabelecer seus limites. Pode, é claro, ser filtrada por estruturas de fantasia e pelos roteiros a serem forjados por eventos e experiências subsequentes, mas talvez possamos ver dentro deles um vestígio dessa função primária.

DE QUE MODO A DOR entra em operação em estruturas posteriores foi um tema discutido, vez por outra, pelos pós-freudianos. Para Sandor Rado, cada ferida que recebemos em nossas relações objetais reduz e contamina nosso prazer, forçando a função do prazer a se tornar uma função de dor-prazer.[94] No contexto do complexo de castração feminino, disse ele, a própria dor gerada pelo reconhecimento do não ter é sexualizada, de modo que "um novo prazer" pode assumir o lugar do que foi destruído pela perda traumática. As experiências anteriores de dor são então reinvestidas: "A ferida narcísica dói, mas, à sua maneira, a dor pode ser desejável".

Similarmente, tal como no desenvolvimento infantil, o atraso e a renúncia tendem a se associar às recompensas, de modo que a dor pode vir a se ligar ao recebimento de amor. Em alguns casos essa associação está ausente, mas em outros pode se tornar uma precondição de um sinal do reconhecimento e do interesse do Outro. Mais uma vez, a mescla de dor e satisfação, prazer, pesar ou recriminação é uma função da relação com o Outro. De fato, podemos assinalar aqui a frequência com que a experiência de dor física aguda envolve não apenas o pedido de amor — como talvez pareça óbvio —, mas também a criação efetiva de um intenso sentimento de amor por outra pessoa.

Um paciente contou que, depois de ser derrubado de sua bicicleta e sofrer um ferimento grave, foi levado a um hospital próximo. Seu primeiro pensamento, ao lá chegar, foi telefonar para sua mulher e lhe dizer o quanto a amava — um sentimento que não vinha alimentando conscientemente, mas que, naquele momento, surgiu com premência. O interessante, aqui, é que ele não se sentiu compelido a lhe relatar o acidente, antes de mais nada, nem a falar de sua dor, e o desejo de um reconhecimento recíproco do amor pareceu não ter importância. No entanto, o intenso sentimento de amor por ela emergiu ali, no momento de intensa dor corporal. Poderíamos nos perguntar se, em termos mais gerais, o apego e o amor são respaldados por essas experiências.

A variabilidade da sensibilidade real do bebê à dor foi assinalada por muitos analistas e pesquisadores pediátricos. Como observou Anna Freud, a variável decisiva na experiência de dor é o grau em que ela é carregada de "significado psíquico".[95] Por isso, assim como uma frustração pode ser sentida como uma privação, uma agressão ao corpo pode ser entendida como resultado de um agente interno ou externo. "Portanto, no que concerne a sua própria interpretação", escreve ela, "a criança na experiência de dor é uma criança maltratada, machucada, castigada, perseguida, ameaçada de aniquilação." Enquanto a angústia ligada à fantasia desempenha um pequeno papel, a dor aguda pode ser bem tolerada e rapidamente esquecida. A dor ampliada pela fantasia, por outro lado, passa a constituir um grande evento e a ser lembrada durante muito tempo.

Poderíamos também observar que, em épocas posteriores da vida, esses mesmos problemas emergem com surpreendente clareza. É comum que a reação dos idosos à dor exiba uma variabilidade marcante, e nos anos do ocaso os problemas físicos podem se tornar o principal foco da fala humana. Às vezes se diz que a vida em si consiste no compartilhamento da experiência, porém, ao examinarmos mais de perto, vemos que isso se refere, em última instância, ao compartilhamento de experiências de dor. Depois de certa idade, as pessoas apenas falam de seu corpo e suas mazelas, trocando dicas e conselhos médicos, recomendando tratamentos e buscando o reconhecimento de seu sofrimento. Daí o impasse de muitos tratamentos médicos que não incluem essa função necessária de escuta e reconhecimento da dor do sujeito, à parte de qualquer tentativa de cura como tal.

Esse aspecto comunicativo da dor foi frisado por Szasz em seu livro *Dor e prazer*, de 1957, um dos únicos trabalhos em língua inglesa a citar Lacan, na época. Ele rejeita o modelo inicial do prazer como um decréscimo da tensão e liga a dor, implicitamente, à própria estrutura da fala. "Em todas as situações em que a comunicação direta de uma necessidade é inibida, seja pela realidade externa, seja pelos padrões internos (ou por uma combinação dos dois), a dor pode ser sentida e expressa." Ora, se aceitarmos, como lacanianos, que a comunicação direta da necessidade é sempre inibida, na verdade, e que as tangentes do desejo e da demanda são criadas pelas condições da linguagem, acaso isso não sugere que a dor será sempre uma dimensão da fala?

Poderíamos optar, portanto, por ligá-la ao desejo — que tem uma conhecida afinidade com a dor — e rotular a dor do desejo de "gozo". Isso também pareceria combinar com a estranha incapacidade das línguas não apenas de oferecer um vocabulário para a dor, mas de permitir sua articulação, fato notado por Ernest Jones e Elaine Scarry.[96] No entanto, isso não é tão simples quanto pode parecer. Deixa de fora a distinção entre o desejo como envolvendo um anseio e o desejo como uma consequência puramente estrutural da fala. Do mesmo modo, deixa de lado qualquer ideia que teríamos do desejo como cadeia de significantes estabelecida pelo recalcamento e pelo complexo de castração.[97] No mundo analítico, similarmente, o desejo tende a equiparar-se a qualquer interesse ou paixão contínuos, em especial quando isso concerne à própria psicanálise.

Assim, vimos que há vários problemas com a teoria lacaniana inicial sobre a distribuição da libido. Em primeiro lugar, a dicotomia das práticas e atividades autoeróticas e relacionadas com o Outro. Em segundo, a ideia de que a via primária do investimento libidinal é especular. E em terceiro, a suposição de que as experiências de raiva e desamparo anteriores à assunção da imagem são absorvidas, de algum modo, no campo da agressividade imaginária que a própria teoria explica. Pareceria mais lógico, ou pelo menos mais próximo da clínica dos bebês e crianças pequenas, incluí-las na própria ideia de libido, para que esta seja vista como abarcando o que talvez se afigurem atributos mutuamente excludentes: anseio, raiva e incapacidade, por exemplo. Assim, a libido não seria redutível a uma única meta instrumental, mas incluiria qualidades diferentes e contraditórias, que explicariam as convergências de prazer e dor, sofrimento e satisfação que circunscrevemos usando o termo "gozo".

Pois bem, nos cerca de quinze anos seguintes, Lacan usaria "gozo" num contexto hegeliano, prática que perdurou com muita frequência durante a década de 1960. O termo está ligado a questões de posse e dominação e é sempre situado num campo relacional. O prazer do senhor é dialetizado mediante uma referência ao escravo, e vice-versa. O gozo do senhor é visto como falso ou problemático, e Lacan nos diz repetidas vezes que é somente o escravo que goza.[98] Aqui, não há dúvida de que a referência é ao escravo romano, e não ao escravo das plantations, e a ênfase de Lacan recai sobre as equivocações que cercam a atribuição do gozo, entendido aqui como implicando o desfrute de um objeto. A questão parece referir-se menos ao conceito de gozo em si do que aos enganos e equivocações que entram em jogo quando tentamos localizá-lo, e às ilusões de um diferencial de poder superficial.

Essas formulações tendem a situar o gozo como um ponto virtual, imaginado por uma das partes, mas também tocam na questão da posse que discutimos antes. Se gozo pode ser o nome, digamos, das demandas feitas por um genitor a uma criança, as questões de posse, dependência e desvinculação — o que alguns chamariam de liberdade — nunca estão longe. É interessante que, ao longo das décadas de 1940 e 1950, analistas emigrados para os Estados Unidos e seus alunos viriam a elaborar esse tema, desde uma perspectiva mais ou menos positivista — como a teoria da "separação-individuação" de Margaret Mahler — até as abordagens críticas de um Erich Fromm ou um Erik Erikson.

Para Fromm, incorporamos o discurso do Outro parental e cultural, e a análise envolve a diferenciação entre nosso desejo e a demanda deste último, que confundimos com nosso desejo. Sendo assim, a culpa é entendida não simplesmente como a resposta a pensamentos ou atos proibidos, ou ao desapontamento do Outro parental, mas como uma incapacidade de seguir o próprio desejo.[99] A análise de Fromm sobre a cultura contemporânea, a autoridade e a transformação da personalidade em mercadoria é absolutamente trivial, hoje em dia, e também não há dúvida de que Lacan tinha lido a colaboração dele com Horkheimer e outros intitulada *Autorität und Familie* [Autoridade e família], publicada em Paris em 1936.[100]

Os comentários sobre o "estágio" seguinte da elaboração lacaniana do "gozo" concebem-no em termos da Coisa e do objeto *a* e, de fato, existem vários trabalhos exatamente com esse título: "Da Coisa para o objeto *a*". O seminário sobre a

Ética é a referência crucial aqui. Ao comentar *O mal-estar na cultura*, de Freud, Lacan afirma que recuamos do nosso gozo assim como do de nossos semelhantes:

> cada vez que Freud se detém, como que horrorizado, diante da consequência do mandamento do amor ao próximo, o que surge é a presença dessa maldade profunda que habita no próximo. Mas, daí, ela habita também em mim. E o que me é mais próximo do que esse âmago em mim mesmo que é o de meu gozo, do que não me ouso aproximar? Pois assim que me aproximo — é esse o sentido do *Mal-estar na cultura* — surge essa insondável agressividade diante da qual eu recuo, que retorno contra mim, e que vem, no lugar mesmo da Lei esvanecida, dar seu peso ao que me impede de transpor uma certa fronteira no limite da Coisa.[101]

Essa "agressividade insondável" ou "crueldade dentro de nós" é identificada com nosso gozo e situada como um além do princípio de prazer. Aqui, a Coisa é uma proximidade excessiva ou uma ausência insuportável, que não pode ser prontamente apreendida como uma representação. Assim, para evitar atribuir-lhe qualidades positivas, Lacan adota uma visão mais topológica, definindo-a como um espaço, um espaço vazio na rede de significantes. Esse espaço pode então vir a encarnar o que quer que sintamos como aquilo de que estamos separados, tanto no nível individual quanto no cultural, no qual as diferentes imagens de um "além" modificam-se historicamente.[102] Esse é o espaço pelo qual somos repelidos e, ao mesmo tempo, nos sentimos atraídos, uma zona inacessível em que projetamos imagens de pavor, ou ausência, ou prazer extremo. Seu denominador comum é sua qualidade absoluta.

Dois exemplos recentes mostram-nos a operação desse espaço e sua interpretação equivocada. Na versão de 2018 do filme *Halloween*, dois jornalistas visitam um assassino encarcerado, Michael Myers, que, décadas antes, havia assassinado várias pessoas numa cidadezinha norte-americana. No imenso pátio vazio da instituição em que o encontram, cada detento fica sozinho e isolado num quadrado pintado no chão. Um espaço define, literalmente, as fronteiras de quanto é possível chegar perto deles. Os jornalistas estão ansiosos por compreender o que aconteceu tantos anos antes, ansiosos por dar um significado e uma motivação aos assassinatos, porém sabemos que Myers não disse uma única palavra durante todo o seu período de encarceramento. Em seu silêncio, ele encarna uma opacidade de sentido e a pergunta "O que ele queria?". Para produzir algum tipo de reação, que os visitantes esperam que gere a fala, um deles confronta Myers com a máscara de Halloween que ele tinha usado ao cometer seus crimes. Ao ser revelada a máscara, o pátio é tomado por uma comoção, com os outros detentos gritando e chorando, mas Myers permanece absolutamente calado.

Essa cena dá uma bela demonstração dos parâmetros da Coisa, desde a forma geométrica que delimita o espaço de cada prisioneiro até o silêncio impassível de Myers e sua falta de resposta, bem como os insuportáveis gritos agudos que enchem o pátio. A Coisa é encarnada não só pelos gritos ensurdecedores, mas também pelo núcleo de silêncio em seu centro. Aqui poderíamos pensar também nas descrições das cenas de carnificina em massa depois de Hiroshima: centenas de pessoas, pavorosamente feridas, tinham se concentrado num arvoredo junto ao rio, mas "os feridos estavam calados; ninguém chorava, muito menos gritava de dor; ninguém se queixava; nenhum dos muitos que morreram teve uma morte barulhenta; nem mesmo as crianças choravam; pouquíssimas pessoas chegavam sequer a falar".[103] Foi esse silêncio estranho e irreal que constituiu "um dos fenômenos mais pavorosos e impressionantes" daquela tragédia.

Esse ponto inefável de não resposta também é retratado num momento posterior do filme. Myers foge e, naturalmente, continua a assassinar uma porção de gente, perseguido por seu psiquiatra, que está fascinado pela questão de por que ele mata. Chega até a cometer um assassinato, ele próprio, para tentar aproximar-se mais da experiência de seu paciente. Quando captura a heroína, ela sabe exatamente como escapar, dizendo-lhe que, pouco antes de matar, Myers falava um nome. O psiquiatra fica tão desesperado para saber que nome era esse que se descuida, e ela consegue fugir. Tal como os jornalistas no início do filme, também ele tem que fazer a Coisa falar, tem que acrescentar uma representação ou um sentido ao ponto em que nenhum é possível.

Poderíamos contrastar esse manejo elegante da Coisa com a cena final da versão de 2018 de *Suspíria, a dança do medo*. O filme gira em torno de uma bailarina norte-americana que vai a Berlim estudar numa prestigiada escola de dança. Pouco a pouco, ela descobre que a escola é esconderijo de uma assembleia de bruxas e, no final do filme, vemos o pleno horror de suas atividades, finalmente reveladas. Enquanto o restante do filme é tenso e alusivo, sugerindo esse espaço proibido não representável, a tentativa de enchê-lo de atividades empíricas positivas é risível. Vemos uma porção de corpos nus, sangue e vísceras, como se houvesse sido pedido a alunos de arte para fazer uma visualização da Coisa. Enquanto *Halloween* foi cuidadoso, precisamente, ao representá-la menos em termos de qualidades positivas do que negativas — o núcleo de silêncio —, *Suspíria* comete o erro de tentar encarná-la com imagens de exagero culturalmente valorizadas.

A exposição que Lacan faz sobre a Coisa realmente enfatiza essa dimensão de um lugar tal, no espaço de representações, que tudo que o ocupa pode assumir o peso da Coisa, sem ser idêntico a ela. Assim, por exemplo, a demanda de justiça ou igualdade pode ocupar esse espaço, como o pode qualquer lei ou injunção, desde que seja elevada a um status absoluto. Não há como ponderar com essas leis, pois não há possibilidade de diálogo, e essa ausência de resposta pode, por si só, encarnar a Coisa. Um paciente sonhou estar batendo num imenso corpo feminino. À medida que os golpes se sucediam, cada vez mais depressa, ele ia ficando mais e mais excitado. Mas por que estava fazendo aquilo? "Eu queria que ela reagisse, que dissesse alguma coisa para valer" — uma situação que era igualmente buscada em sua prática sexual, que exigia pressionar as parceiras a ponto de elas o insultarem. Tal como as palavras ausentes que os jornalistas e o psiquiatra buscavam em Myers, também ele queria uma resposta, uma palavra no ponto em que o Outro não oferecia nenhuma.[104]

Outro exemplo nos mostra esse efeito da Coisa. Quando trabalhava num hospital militar em Budapeste, em 1913, a médica inglesa Edith Bone descreveu um encontro transformador com esse horror.[105] Um soldado romeno ferido passava o dia inteiro chorando e, com a ajuda de um intérprete, ela pôde reconstituir a história desse homem. Ele tinha sido pastor de ovelhas numa pequena aldeia e, toda primavera, costumava levar seu rebanho para o alto da montanha. Morava lá durante a estação, numa pequena cabana, com sua mulher e dois filhos pequenos, e, quando ela morreu, passou a deixar os filhos sozinhos em casa, trancados, enquanto cuidava do rebanho. Um dia, policiais militares depararam com ele e ordenaram que o pastor os acompanhasse, mas, como ele não falava húngaro e os policiais não falavam romeno, nada pôde ser comunicado: "Toda a conversa entre eles se deu como numa pantomima". Os policiais o levaram embora, sem que ele conseguisse explicar que as duas crianças estavam sozinhas na cabana, e ele não pôde avisar a ninguém para ir resgatá-las.

Bone fez todo o possível para identificar a aldeia em questão, mas, mesmo com a ajuda das autoridades militares, isso se revelou impossível. Os muitos telegramas enviados não receberam resposta e, uns dois dias depois, o próprio homem foi transferido para outro hospital, que a médica não conseguiu localizar. O impacto desse episódio sobre Bone foi considerável e mostra o horror aterrorizante e indescritível de uma não resposta, em vários níveis diferentes: os esforços frustrados do pobre homem para falar de seus filhos com os policiais; o fato de, no hospital, ninguém entender sua história, até Bone providenciar um intérprete; a não resposta aos telegramas enviados por ela às autoridades locais; e, é claro, a não resposta aos gritos imaginados de socorro das próprias crianças, ecoando no vazio de uma encosta solitária na montanha.

A PARTIR DO SEMINÁRIO da *Ética* — e em alguns seminários anteriores da década de 1950 — o gozo é definido numa relação dialética com o desejo e o prazer. É um além do prazer e do desejo, mas, às vezes, Lacan oferece uma teoria mais substancialista. Quando ele nos diz, por exemplo, que o gozo contém "uma agressão ou uma crueldade inconscientes", podemos indagar exatamente o que seriam essa agressão e essa crueldade.[106] Fica claro que ele não está se referindo à agressividade do estádio do espelho, e não há disponível uma teoria da crueldade. Descartar as duas como elementos "naturais" da psique, simplesmente, vai de encontro a todo o projeto lacaniano, no qual fenômenos como a agressividade imaginária são muito criteriosamente explicados. Há, com certeza, um convite a que expliquemos essas forças, em vez de tomá-las por dados. Por exemplo, como surge a crueldade? Devemos apenas imaginá-la caso a caso? E, se assim for, por que a agressividade seria diferente, ligada a um problema estrutural?

A resposta imediata seria seguir um título de capítulo do seminário sobre a *Ética*: "O gozo, satisfação de uma pulsão".*
Assim, a agressão e a crueldade poderiam ser entendidas como modos de satisfação da pulsão. Mas o veredito quanto a essa questão parece ainda estar em aberto. Néstor Braunstein, que dedicou um estudo de porte livresco ao conceito de gozo, mostrou-se descontente com o fato de o editor de Lacan haver introduzido esse título de capítulo, uma vez que, segundo argumenta, a pulsão pode aspirar ao gozo, mas não é equivalente a ele.[107] Sem entrar aqui nos detalhes da teoria da pulsão — outro ponto analítico problemático —, a ideia de gozo como uma virtualidade ou um limite é ubíqua.[108] O gozo autoerótico proibido do corpo e o gozo da mãe como objeto incestuoso são os exemplos mais citados.

---

* Subtítulo do capítulo XVI, "A pulsão de morte". (N. T.)

No seminário sobre a *Ética*, a outra ilustração óbvia disso é o gozo do pai primevo, ao qual Lacan retorna diversas vezes, nesse e em trabalhos posteriores. O pai da horda, que tem acesso a todas as mulheres, é morto pelos filhos varões, que então se proíbem as mulheres pelas quais cometeram o assassinato, aparentemente. O gozo permanece como um ponto mítico inacessível. Curiosamente, é esse mesmo ponto que se situa na origem de uma das maiores plataformas de redes sociais do mundo contemporâneo, o Facebook. Em seu início, esse instrumento foi concebido para facilitar o compartilhamento das mulheres, tornando suas imagens acessíveis a uma pequena comunidade universitária. Mais tarde, como é bem sabido, passou a permitir a exclusão em nível global: os usuários postam imagens frágeis de sua vida feliz e ficam invejando a vida plena dos outros.

As representações do pai que goza de forma irrestrita vêm à tona, de tempos em tempos, nos meios de comunicação atuais, e continuam a exercer um poderoso fascínio. Harvey Weinstein e Jeffrey Epstein, por exemplo, são retratados como usando as mulheres — e menores de idade, no caso de Epstein — sem a menor consideração por sua subjetividade ou seus direitos, e, para além do ultraje flagrante, os meios de comunicação gostam de usar essa oportunidade para exibir imagens das vítimas. Embora o núcleo sexual desses casos não esteja em dúvida, é interessante notar que a manifestação mais frequente do pai primevo, hoje em dia, é menos a do homem que "desfruta" das mulheres que a do homem que "desfruta" dos dados.

O pai da horda guarda zelosamente uma massa de dados, furtados ou tomados do público por algum tipo de força. E, a partir desse monopólio, ocorrem atos de roubo ou de comércio ilegítimo, que permitem que os dados sejam vendidos e comercializados no mercado. Homens como Bill Gates, Jeff Bezos e Mark Zuckerberg são menos mostrados como guardiães zelosos de um harém de mulheres do que como acumuladores de dados sobre os consumidores, dados esses que eles podem explorar e com os quais podem gozar. Os dados em si passaram a substancializar aquilo de que somos separados e que pode ser roubado de nós, com isso lhes dando um valor sexual.

Também podemos notar que, com frequência, compartilhar as mulheres tem a função de unir grupos de homens — como deixam claro muitos filmes e romances —, supostamente como um modo de desviar a atenção de vínculos homoeróticos. Na recente adaptação da segunda parte de It — A Coisa, de Stephen King, uma cena de abertura mostra um ataque selvagem a um homossexual, que é espancado enquanto seus agressores gritam repetidas vezes "Bicha!". Na última cena do filme, os protagonistas destroem o demônio Pennywise, aos gritos reiterados de "Palhaço", numa correspondência estrutural que sugere que o que efetivamente tentam destruir é uma sexualidade ameaçadora entre eles próprios.

O gozo, conclui Lacan naquele seminário, é algo a que só se pode ter acesso pela fantasia, definida em si como uma barreira à Coisa. Trata-se, portanto, de um conceito dialético, em seu uso da década de 1950, inscrito numa relação e situado de maneira bastante kantiana: como objeto positivo, aparece enquanto ausência, e como objeto negativo, aparece enquanto um limite ou um ponto virtual. Note-se que esse uso difere radicalmente de como o empregamos hoje nos círculos lacanianos, em que qualquer coisa que uma pessoa goste particularmente de fazer é caracterizada como um gozo idiossincrático, desde tricotar até jantar em restaurantes finos ou colecionar revistas em quadrinhos. Onde antes o gozo indicava um perturbador além do prazer — identificado ou não com a satisfação da pulsão —, hoje é comum que ele seja sinônimo, precisamente, de qualquer prazer privado ou, a rigor, compartilhado.

Aqui se poderia retrucar que esse tipo de "gozo" é, na verdade, o que já foi filtrado pela fantasia e, por conseguinte, negativado, ou aprisionado em uma nodulação sinthomática, devendo ser diferenciado, portanto, do "excesso" que tanto havia perturbado o princípio de prazer. Mas, ou existem conceitos diferentes aqui, ou temos que identificar o gozo com alguma substância interna finita e semelhante a uma gelatina, de tal sorte que é *idêntica* àquilo que é reduzido, localizado ou atado em nó. Em nossa teoria-padrão, a fantasia é reduzida à conjunção mínima de S e a, um real axiomático que não pode ser adicionalmente interpretado. Os novatos em Lacan sempre pedem exemplos, e tendemos a responder com "Uma criança é espancada", de Freud, ou com algumas outras ilustrações da literatura ou da clínica. A fantasia é explicada como um filtro interpretativo que gera algo semelhante ao que os psicólogos chamam de "assimilação", em contraste com a "acomodação".

A ideia analítica, nesse ponto, é muito parecida com o que os psicólogos das décadas de 1940 e 1950 haviam descrito como um "mapa cognitivo" inconsciente, uma estrutura mínima para codificar e examinar. Nas palavras de George Klein, a fantasia "serve de programador e codificador da experiência: em termos dela, compreendem-se eventos e se atribuem e simbolizam significados".[109] Sua função defensiva também foi enfatizada, com a ideia de que a fantasia é construída nos pontos de lesão contundente e psíquica máxima. O interessante aqui é que, em contraste com a explicação estrutural de Lacan, seus contemporâneos afirmaram que a fantasia inclui uma articulação do desejo e representações dos perigos que ele envolve. O desejo e o perigo fundem-se na fantasia.

Como lacanianos, poderíamos entender isso de maneira diferente. O perigo se deve a uma proximidade exagerada do objeto, tendo o próprio desejo um papel defensivo. O perigo emerge quando o desejo já não é sustentado, ou quando as coordenadas do objeto se modificam. Mas o que perdemos aqui são as especificidades da construção da fantasia, que podem fundir um esforço de ressuscitar e destruir, de mutilar e preservar, de privar e fazer reparações, de possuir e ser castigado, por exemplo. Reduzir isso à bidirecionalidade do losango da fantasia [$ \$ \lozenge a $] não é realmente a mesma coisa, e as qualidades contraditórias das tendências opostas também podem dar uma indicação do "gozo" que está em ação aí.

As explicações contemporâneas da fantasia enfatizaram essa dinâmica de contradições, envolvendo o desejo e o perigo, mas sem os substancializar. Se um devaneio faz exatamente isso, caracterizando-se por ter um começo e um fim entremeados por uma narrativa, a fantasia é "um problema ativo internamente estruturado", que requer uma "história" nos acontecimentos da vida que utiliza em suas perpétuas improvisações.[110] Mais uma vez, contraste-se essa visão com nossa ideia lacaniana de que a fantasia é menos um problema que uma solução. A alternativa vê a fantasia como um dilema estrutural que tenta gerar soluções, sempre fracassando e, portanto, criando um círculo de cenários repetitivos.

Note-se também um problema adicional aqui. Os lacanianos não têm realmente uma teoria do prazer e, quando solicitados a defini-lo, apenas citam, invariavelmente, a ideia freudiana de um nível mínimo de tensão, ou o conceito aristotélico do bem. Assim, o gozo torna-se qualquer coisa "em demasia", qualquer excesso que ameace o reino do equilíbrio homeostático (muitas vezes confundido com o princípio de constância). Como explica o [personagem] Kandyman da série de TV *Doctor Who*: "Eu faço doces. E não é só um doce qualquer, mas doces tão bons, tão deliciosos, que às vezes, quando estou inspirado, a fisiologia humana não está preparada para suportar o prazer". Essa é, em essência, a noção freudiana inicial de uma barreira diante do estímulo, um escudo de representações que corre o risco de ser rompido por uma excitação invasiva. Mas Freud e os pós-freudianos acabaram por abandonar essa ideia como simplista e inviável, muito estreitamente ligada a modelos quantitativos e mecânicos de descarga, como vimos anteriormente.

Definir o desprazer como o aumento dos estímulos e o prazer como uma redução deles não combinava com os dados da vida sexual, e Freud viria a rejeitar a ideia de uma relação logarítmica entre as mudanças na intensidade do estímulo e a sensação resultante. Clinicamente, encontramos muitos exemplos diferentes de estados de tensão, com colorações afetivas muito distintas. Embora Lacan conserve a ideia do gozo como uma "intensidade de excitação", ele mesmo havia criticado o conceito de homeostasia no início de seu trabalho, de modo que é estranho ver esses mesmos temas voltando à tona para caracterizar as relações do gozo com o prazer.[111] Ele havia assinalado que ver o indivíduo em termos de um organismo autorregulador que visa a homeostasia eliminava a dimensão social da existência humana, na qual o corpo seria afetado por uma rede de relações externas. A participação no grupo social e as estruturas que funcionam dentro dele seriam mais pertinentes aqui do que o modelo simplista de estímulo-resposta, afirmou Lacan.

No entanto, o modelo homeostático é onipresente em nossas teorizações, necessário à própria ideia de um "excesso". Segundo as explicações costumeiras, buscamos o prazer, mas não somos capazes de suportá-lo quando ele vai além de certo limite, do ponto em que se transforma em gozo. Mas o que esconde essa concepção quantitativa? Um exemplo clínico pode nos ajudar aqui. Um analisando monta roteiros sexuais repetitivos, que nunca saem exatamente como ele esperava: algum detalhe da parceira incomoda, ou ele está com pressa, ou não consegue criar o ambiente de que precisa etc. Nas poucas ocasiões em que esses detalhes estruturantes são discretos e tudo "funciona direitinho", ele fica indisposto. A acumulação de prazer antecipatório só leva ao sofrimento.

Para nós, isso é fácil de explicar: à medida que o prazer se torna intenso demais e a fantasia chega perto demais, passamos do campo do prazer para o do gozo, e o sentido da excitação transforma-se numa sensação de dor. Nesse exemplo, porém, como o analisando pôde construir cuidadosamente as vias significantes que ligavam os detalhes da cena ao que era mais ou menos uma questão edipiana, ele foi capaz, adiante, de montar seu roteiro com grande prazer, sem ficar indisposto nem sabotar sua realização. Não é que o roteiro constituísse um "excesso" quantitativo em si, mas é que envolvia um conflito qualitativo, que Freud chamava de "recalcamento". Em outras palavras, à medida que a ligação das figuras materna e paterna com a cena se evidenciou, a desarticulação de um recalcamento tornou secundário o sofrimento.

O antagonismo entre prazer e gozo, portanto, é uma boa abreviação para descrever fenômenos superficiais, porém não nos leva muito mais longe. Em contraste, a relação que discutimos com a dor talvez seja um lugar melhor para começar do que o prazer, e de fato o gozo é comumente definido, hoje em dia, como um amálgama de prazer e dor. Curiosamente, isso está longe de ser a maneira como Lacan o descreve. No seminário *A ética da psicanálise*, como vimos, ele se refere à "agressão inconsciente que o gozo contém" — o que levanta uma questão sobre o que seria essa agressão —, e também afirma que o gozo implica a "aceitação da morte".[112] Mais uma vez, o exemplo óbvio é o apólogo kantiano do homem que tem a oportunidade de passar a noite com uma mulher desejável, sabendo que a forca o espera se for essa a sua escolha. Para Kant não há nisso uma questão real, mas, para o Lacan clínico, essa certamente poderia ser a escolha do sujeito. Esse exemplo situa-se além do campo do bem aristotélico e das noções reducionistas de autopreservação, introduzindo um campo totalmente diverso, que é o do gozo e da Coisa.

O outro exemplo nesse seminário é Antígona. Ela insiste no sepultamento do irmão, sabendo perfeitamente que isso significará sua própria morte. Aqui o gozo está ligado, em ambos os casos, à ideia de algo ser mais importante do que a própria vida, ou, pelo menos, superpor-se a ela. O determinismo parece bem diferente, no entanto: no primeiro exemplo, ligado a um prazer que é mais forte do que a própria vida, e no segundo, à fidelidade a uma lei ou a uma *Atè* [Ατη] familiar. Na verdade, porém, ambos compartilham um motivo central, se nos lembrarmos da estrutura relacional dentro da qual ocorrem esses fenômenos: a inclusão da morte na vida, no sentido do que Lacan havia chamado, certa vez, de um retorno "letal" a uma imago materna arcaica. O prazer e a morte fundem-se aqui no apólogo kantiano — uma mulher como portal para a morte — e na tragédia de Sófocles, mas como atos de retorno a um Outro, seja ele materno, seja, aparentemente, fraterno.

É NESSE PONTO QUE Lacan introduz uma estranha visão criacionista da pulsão de morte freudiana. Esta, afirma ele, almeja atingir o ponto do qual emerge o sujeito, *ex nihilo*, como o que falta na cadeia significante. A destruição seria uma preliminar dessa "segunda morte", que é, ao mesmo tempo, um ponto de criação. Aqui, a ligação do sujeito com a dor e a morte abre mais questões que não podemos evitar. Há pelo menos duas concepções do sujeito nas exposições lacanianas de nossa relação com a linguagem. Em primeiro lugar, o sujeito como uma elisão na cadeia significante, concepção que costuma ser oposta às ideias substancialistas de subjetividade. Em segundo, o sujeito como aquele que suporta a cadeia significante. Daí evocarmos, em discussões de casos, supervisões e na *"présentations des malades"* [apresentações de doentes], um sujeito ou um "efeito sujeito", quando há um sentido de responsabilidade, culpa ou qualquer implicação geral ou localizada na cadeia significante.

Como quer que desejemos formulá-las, essas duas concepções do sujeito não são compatíveis: uma é a falta de um significante, desprovida de qualquer substância, outra é um polo de agência e motivação. Dizer que aí Lacan distinguiu o sujeito e o *falasser*, entendido como o sujeito somado ao gozo, é puro sofisma. A solução de Jacques-Alain Miller é, com certeza, a mais elegante: esse segundo sujeito mais parece um ideal da razão kantiano, uma suposição que fazemos sem termos que ir muito mais longe e nos perdermos em debates circulares sobre a intencionalidade.[113]

A outra abordagem aqui é identificar o sujeito com um puro ato de recusa — fazendo eco à definição dada por Valéry do sujeito como uma "rejeição de atributos" —, o que nos leva de volta à questão do gozo. Recusar um significante do Outro implica uma postura mínima de subjetividade — nosso sujeito básico —, ao mesmo tempo que implica a falta de um significante. Mas o sujeito não é aqui um puro efeito, de modo algum: é, antes, pura agência, ainda que mínima. Quando as máquinas são retratadas em romances e filmes como desenvolvendo suas próprias mentes, o processo sempre começa por isso: um ato de desobediência, de dizer "Não".

De fato, foi isso que impressionou Freud em seu encontro com a hipnose, e que veio a ser a assinatura de sua reorientação psicanalítica. Ao observar Hippolyte Bernheim praticar a sugestão hipnótica em seus sujeitos, ele ficou "escandalizado" com o fato de alguém que não mostrasse obediência vir a ser repreendido: *"Vous vous contresuggestionez!"* ["Você está se contrassugestionando!"]. O paciente, achava Freud, "tinha direito a contrassugestões", a dizer "Não", especialmente ao ser oprimido pelos imperativos da sugestão de um mestre. Como assinalou Trygve Braatøy, foi por respeitar esse direito fundamental de oposição de seus pacientes que Freud criou o método analítico.[114]

Esse tema da oposição e do desejo também pode ser equacionado aqui quando vemos o desejo como sendo, fundamentalmente, uma recusa às demandas do Outro, uma rejeição de seus significantes, ou de alguns deles. Sem a recusa, há uma assimilação à demanda do Outro, que nega efetivamente o sujeito. Esse ato envolve certo tipo de satisfação autolesiva, visto que a subtração traz consigo uma dose de dor e de realização. Nós nos abrimos à dor e aos riscos que essa separação pode trazer, ao mesmo tempo que preservamos — ou criamos — uma subjetividade. A subjetividade e a automutilação, portanto, compartilham o mesmo espaço.

Podemos ver esse tipo de convergência de sofrimento e lucro em fenômenos como o amuo, no qual a recusa ao Outro traz consigo um estado agridoce de retraimento, ou até em dramas como o Brexit. Esse referendo, que ocorreu durante o campeonato europeu de futebol da Uefa, no qual sem dúvida os sentimentos nacionais estavam exacerbados, consistiu num ato de recusa. Mais tarde, quando políticos e jornalistas tentaram educar o público, explicando por que os argumentos a favor do Brexit estavam errados — uma vez que os números e informações concernentes à assistência à saúde, aos negócios e à residência estavam deploravelmente incorretos —, isso surtiu pouco efeito, visto que o que importava era um ato puro — ou impuro — de recusa. A Europa era a melhor coisa e a única coisa real à qual o povo podia dizer não, mesmo que as consequências não facilitassem a vida de ninguém. Similarmente, até políticos que tinham plena consciência das catástrofes potenciais que se seguiriam agarraram-se à trajetória do Brexit, num gesto intransigente de automutilação.

Extraindo aqui uma ilustração clínica da literatura, David Milrod descreve uma analisanda que evitava concordar com qualquer coisa dita por seu marido, pois isso significaria deixar de ser ela mesma. Conforme seu relato, "Se eu dissesse 'Eu adoraria ir a Paris com você', onde estaria o *eu*? Eu me tornaria ele. Se eu me recuso a ir, continuo a ser eu mesma. Tenho que ser rebelde. Se eu atendo alguém, perco a mim mesma". Mas essa autopreservação só era realmente funcional quando ela se sentia infeliz e maltratada. E, quando estava alegre, explicou, não havia distância entre ela e os outros, e ela se sentia como que engolida. "Quando estou feliz, perco parte de mim. Não sou eu. Ser infeliz é uma parte de mim. Ser infeliz é a parte de mim que eu mais conheço e de que mais gosto."[115]

A sensibilidade a essa dimensão é útil em muitos casos em que predomina um quadro depressivo. A pessoa pode descrever sua perda de energia e de interesse na vida, com tarefas e deveres cotidianos negligenciados e um isolamento progressivo. "Não consigo me levantar", explicou um analisando, "não consigo comer nem estar com outras pessoas". O que constatamos em alguns casos é que o "não consigo" esconde, na verdade, um "não quero", e, quando se revela esse ato de recusa, as coisas podem começar a se movimentar. A pessoa, é óbvio, pode não ter ciência dessa recusa, porém, à medida que suas coordenadas se tornam mais claras, surge a possibilidade de examiná-la mais diretamente e até de assumi-la. Para além da inércia fica a recusa, e é claro que há uma grande variedade de formas clínicas de não assimilação da demanda do Outro.

Enquanto algumas recusas podem ser espetaculares, outras são mais discretas e podem envolver toda uma gama de comportamentos que se destinam, em última instância, a desapontar o genitor. Vemos isso com alguma frequência no trabalho com adolescentes: no fato de se destacarem numa disciplina na escola, ou no esporte, ou de serem apenas bons, de modo geral, existe a encarnação contínua de um significante que pode até ter sido escolhido muito antes pela própria criança. Desvincular-se desse significante pode então tornar-se essencial: as notas pioram, uma lesão impede a atividade esportiva, e o ser bom transforma-se em ser difícil, ou simplesmente "mau". Um corpo que era valorizado e elogiado, similarmente, pode tornar-se um corpo propositalmente lesionado.

Esses atos de separação podem ocupar um espectro que vai das formas mais extremas, capazes de levar à morte — como vemos em certas formas de anorexia, ou nas ideias compulsivas de pilotos de guerra de espatifarem seus aviões —, até algo tão corriqueiro como atirar brinquedos de um carrinho de bebê.[116] Assim como o *Fort/Da*, no qual as presenças e ausências são construídas com vocalizações, esses atos do cotidiano podem representar pequenas recusas, pequenos atos de separação. Lacan usava o exemplo da escolha aparentemente forçada entre "a bolsa ou a vida" para falar da alienação e, nesse exemplo, ela seria uma vida sem brinquedos. No entanto, tal como o exemplo kantiano que Lacan esmiuçou no seminário da *Ética*, nada aqui constitui um dado. A risada mais longa já gravada na história do rádio e da televisão foi num quadro do programa *Jack Benny* em que um homem é confrontado por um ladrão, que vocifera: "A bolsa ou a vida!". Após uma longa pausa, o homem responde: "Estou pensando".

A dimensão da raiva fica curiosamente ausente de nosso pensamento estrutural. Tal como Freud notou a fúria da criança que atira seu carretel de linha no exemplo do *Fort/Da*, atirar brinquedos para fora do carrinho de bebê também pode ser o veículo de uma raiva que categorias como "frustração" pouco fazem para conceituar. Quando o pequeno Goethe atirou peças da louça de casa pela janela, Freud teve a curiosidade de indagar por que esse incidente tinha sido lembrado com tanta clareza, mas o ligou ao ressentimento pelo nascimento de um irmão, e não a uma oposição fonemática.[117] O sujeito pode ser um ato de recusa, mas o que acontece com a raiva envolvida no próprio estabelecimento de uma posição de sujeito? Quais são seus vínculos com o corpo e com a musculatura, que tanto interessaram a Freud? E, para fazer uma pergunta correlata, porém não idêntica, por que o objeto perdido faz falta, mas não é também odiado?

A QUESTÃO DA RAIVA pode esclarecer aqui o que diríamos ser um dos primeiros textos fundamentais de Lacan sobre a relação do gozo com o desejo.[118] No ensaio sobre Gide, Lacan destaca a famosa cena de sedução como o momento em que certa escolha de objeto cristalizou-se para o jovem André Gide.[119] Quando ele entra no quarto da tia para buscar um livro, ela o puxa para si, zomba da roupa de marinheiro com que a mãe dele com frequência o vestia e desliza a mão pela camisa do sobrinho, movendo-a em direção a seu sexo. Essa "mãe do desejo" é contrastada com a "mãe do amor", rígida e moralista, encarnada pela mãe de Gide, uma mulher que parecia eliminar qualquer sinal de sua própria sexualidade. Daí o encontro traumático com a tia e a posição súbita e inesperada em que Gide se viu, a de ser um objeto de desejo.

Lacan refere-se aí ao "gozo primário" de Gide e fornece três indicações deste: sua destruição de um brinquedo muito querido, seu prazer com o som de pratos quebrando e a estranha imagem da dissolução orgânica de uma massa de raízes e galhos, chamada *"Gribouille"*. Esses exemplos pareceriam ter pouco em comum, mas sua associação torna-se mais clara quando os ligamos ao problema da separação do Outro. Destruir um brinquedo querido e gostar do som de pratos quebrando sugerem um tipo de satisfação no aniquilamento de um objeto representativo, indicando, com muita probabilidade, o mundo mortificante da mãe rígida, com seus códigos rigorosos de prática e moralidade. A sedução da tia, similarmente, talvez tenha tido um impacto não apenas no sentido de mostrar a Gide seu lugar como objeto do desejo — o que realmente não fica tão óbvio na cena, mais parecida com uma gozação —, mas também em seu desafio brutal da organização materna. Ali estava uma mulher que não apenas brincava com a sexualidade, mas que ria do controle da mãe sobre seu filho.

Gribouille assume então um novo sentido. Essa imagem estranha intrigou alguns comentaristas, mas será que não representa um esforço inicial de conceber uma separação? Não é um questionamento nem uma recusa, mas uma simples dissolução. Uma imagem notavelmente semelhante de dissolução orgânica havia atormentado uma de minhas analisandas, que se queixava de não ter "nada com que dar um pontapé inicial", nenhum ponto do mundo de seus pais ausentes e desinteressados que ela pudesse ao menos recusar. O brinquedo estilhaçado e os pratos quebrados, no caso de Gide, ofereceriam, em contraste, um tipo diferente de separação, envolvendo a negação daquilo que ele era para a mãe. *Gribouille* e o brinquedo/os pratos poderiam ser entendidos, portanto, como extremos diferentes de um espectro de separação, ao qual a sedução da tia deu uma nova forma. Todos encarnam tentativas de fugir de — ou, pelo menos, de encontrar uma alternativa para — um ideal mortificante.

Mais uma vez, voltamos à questão da natureza relacional do autoerotismo. O que Lacan chama aqui de "gozo primário", portanto, está longe de ser primitivo, mas envolve um esforço de separação do Outro por meio de um ato de negação. A carga libidinal está ligada ao ato de separação e funde as qualidades aparentemente opostas de uma satisfação com cenas de destruição ou dissolução. Envolve, pois, uma ação *sobre* alguma coisa, que ocorre dentro de algo que não há razão para não chamarmos de relação objetal.

A RECUSA DA DEMANDA do Outro está tão ligada à questão da automutilação e do dano que precisamos explorá-la melhor. Para alguns pós-freudianos, a situação de receptividade oral supostamente passiva do bebê marcaria a relação inicial de amamentação como algo de qualidade invasiva. Recusar o mamilo ou o bico da mamadeira poderia encarnar, portanto, um senso inicial de eu, com a subjetividade equiparada a uma negação. No entanto, há muito mais do que isso acontecendo e, se estudarmos o que se passa no nível corporal, poderemos complicar essa imagem. Afinal, o bebê não apenas suga ou é forçado a sugar. Ao mesmo tempo, ele faz algo com os olhos, o corpo e, especialmente, as mãos.

Esses gestos estranhos, antes denominados de "movimentos acessórios", podem assumir a forma de pressionar, beliscar, esfregar, bater ou arranhar, para citar as mais comuns. Mesmo enquanto o bebê chupa o próprio polegar e os dedos, ele pode tentar puxar o lóbulo da orelha, afagar o cabelo ou segurar algum objeto, ao mesmo tempo. Pareceu claro aos primeiros pesquisadores que a importância desses atos estava em sua associação com o que fazia o resto do corpo — ou a boca —, mas qual é a natureza dessa associação? Se o sugar era considerado prazeroso, por que haveria necessidade desse curioso acréscimo? Em alguns casos, aliás, o movimento acessório parecia ganhar autonomia e, mais tarde, desenvolver-se como um tique infantil.[120]

O estudo de 1879 de Lindner sobre chupar os dedos, citado por Freud, foi uma das primeiras investigações dessa prática, e ele se impressionou de imediato com as atividades concomitantes, as quais chamou de "movimentos combinatórios".[121] O mais frequente deles era esfregar uma parte do corpo com a outra mão, e Lindner também observou que era durante o ato de sugar que o bebê descobria sua genitália. Ao falar sobre chupar o dedo, Freud comenta que "deixarei por decidir se a criança realmente toma essa fonte de prazer recém-adquirida por um substituto do mamilo recém-perdido do seio materno". Antes mesmo disso, no entanto, os dedos e o polegar podem entrar na boca ao mesmo tempo que o mamilo ou o bico, produzindo o que Hoffer chamou de uma "competição" entre eles.[122] O dedo ou o polegar, nesse caso, constitui menos um substituto do órgão de amamentação ausente do que um artigo que se introduz sozinho. E, ao mesmo tempo, os dedos podem arranhar, puxar, beliscar e esfregar outras partes do corpo do próprio bebê ou da mãe.

Por que a amamentação não é suficiente aqui? A imagem idealizada de uma criança mamando, feliz da vida, como se tivesse tudo o que deseja, precisa ser corrigida, especialmente considerando ser tão comum ela fornecer o modelo do prazer ou da satisfação nas teorias analíticas. Invariavelmente, as exposições sobre a satisfação tomam isso ou o orgasmo genital como seu ponto de partida, em equiparações que certamente contêm sua dose de fantasia. Do mesmo modo, se definimos a pulsão oral, digamos, como uma sequência — sugar, ser sugado e fazer-se sugar —, por que devemos excluir de nossa definição da pulsão essas outras práticas que ocorrem simultaneamente? Seria possível que, na verdade, fosse precisamente o fato de a criança *não estar apenas* sugando que é constitutivo da pulsão?

TALVEZ SEJA ESSA PRÓPRIA combinação ou multiplicidade de ações que assinala que o funcionamento pulsional foi estabelecido. Dificilmente se poderia dizer que um bebê que apenas suga o seio habita o mundo da pulsão. Como assinalou Spitz, a chamada fase oral está longe de ser apenas oral.[123] O resto do corpo fica muito ocupado nesses momentos, mas o que faz, exatamente? É possível encontrarmos uma pista na simultaneidade posterior de muitas outras práticas corporais: fumar enquanto se escreve, comer enquanto se lê, roer as unhas enquanto se assiste à televisão, devorar pipoca no cinema e todos os outros exemplos que envolvem fazer duas coisas ao mesmo tempo, muitas vezes sendo uma delas aparentemente passiva e a outra aparentemente ativa (embora, com certeza, nem sempre seja esse o caso). Será que isso é apenas a pulsão operando por modalidades sensoriais diferentes, ou devem as próprias atividades ser diferenciadas?

Uma resposta piagetiana envolveria esquemas de ação e a comunicação transmodal. Jean Piaget e pesquisadores anteriores, como Paul Guillaume, tinham se impressionado ao ver como o padrão de ação de uma parte do corpo podia ser replicado em outra, especialmente entre o bebê e a mãe.¹²⁴ Se a criança abre e fecha a mão ao ver a mãe abrir e fechar os olhos, isso não sugeriria um esquema básico de abrir e fechar, que estaria sendo ativado ou transferido? Qualidades como direção, força, equilíbrio, ritmo e cerceamento revelaram permear os padrões sensório-motores, sem se restringirem a nenhuma parte exclusiva do corpo. Esse senso de "semelhança dinâmica" foi então entendido, pelos analistas que trabalhavam com a questão da pulsão, como algo que estabelece os antecedentes do funcionamento pulsional.

Essa semelhança dinâmica, aliás, foi tida como criadora de uma gramática muito mais ampla da pulsão. No modelo de Erikson, distinguiram-se modalidades e zonas de pulsão nas quais uma zona correspondia mais ou menos à fonte corporal descrita por Freud, ao passo que uma modalidade representava uma série mínima de alternativas — absorver, rejeitar, pegar, reter etc. — moldadas pelas interações com a mãe. Por sua vez, isso geraria duas formas de inércia libidinal: a fixação numa zona, na qual o sujeito permanece vidrado, digamos, num prazer oral, e uma fixação modal, na qual o modo de obter, por exemplo, domina não apenas uma zona corporal, mas também outras aberturas, comportamentos e relações com o Outro, em termos mais gerais.¹²⁵

Curiosamente, a abordagem da teoria das funções por Fromm inverte isso. Em vez de enxergar a predominância do obter, reter ou rejeitar como derivada, em algum sentido, de preocupações mais primitivas, ele entende o privilégio das zonas como um modo de interpretar indagações modais. Assim, por exemplo, se alguém sonha repetidas vezes com a tentativa de mamar num seio que não fornece leite, não somos obrigados a inferir uma perturbação biográfica precoce da amamentação. Ao contrário, sugere Fromm, o objeto é destacado para fornecer uma representação privilegiada da relação com o Outro, usando "a linguagem do corpo": ele não me satisfaz, não me atende etc. Portanto, o objeto é criado, por assim dizer, através da relação com o Outro, e não o contrário.[126]

Essa ênfase nas questões modais é útil para explicar a chamada "deriva" da pulsão e a construção de seu objeto, mas aqui a questão clínica é um pouco mais complexa, pois as atividades que estamos tentando situar não se restringem a reflexões de esquemas sensório-motores ou significantes, mas envolvem, fundamentalmente, ações físicas diferentes. Dar tapinhas na manta ou coçar uma das mãos durante a amamentação, ou, mais tarde, roer as unhas ao assistir à televisão, não podem realmente ser vistos como exemplificações do mesmo esquema abstrato, e só poderiam ser interpretados dessa maneira se presumíssemos uma fantasia subjacente que equiparasse as atividades, passo que não parece inteiramente plausível nos primeiros meses e no primeiro ano de vida.

Outra resposta invocaria a lembrança de esquemas corporais. Segundo o modelo psicanalítico clássico, todas as experiências ligadas à intensificação e à redução da tensão pulsional são registradas na memória como estando juntas. Assim, todas as atividades corporais adjacentes e próximas no tempo podem ser postas em ação, de modo que, se sugar e olhar tiverem sido contemporâneos, originalmente, um deles fará reviver o outro. Por outra perspectiva, as abordagens cognitivas da primeira infância parecem concordar em que aquilo que elas entendem como a "externalidade" de um objeto só se estabelece quando há pelo menos duas modalidades sensoriais envolvidas na percepção.

A primeira dessas perspectivas parece deixar muita coisa por conta da associação casual, em vez de discernir nas atividades do bebê algum tipo de meta ou propósito. A natureza friccional do movimento certamente deve responder por algo, e a ligação entre os dois conjuntos de ações dificilmente seria contingente. Com o modelo cognitivo, poderíamos querer reinterpretar a ideia de "externalidade" em termos da alteridade, e assim um registro ou processamento básicos poderiam se dar por meio da introdução do "movimento acessório". Mas isso ainda deixa pendente a questão da excitação gerada.

Uma resposta freudiana poderia evocar a dualidade das satisfações nesse ponto. Se a própria satisfação tem que ser marcada ou escrita de algum modo, será que isso operacionaliza outras formas de estimulação sensorial para que elas atuem como respondentes? E que diferença faz se uma sensação é produzida por um outro ou pela própria pessoa? Uma analisanda explicou que as sensações de fumar um cigarro, pôr certos alimentos na boca e afagar o pelo de um ursinho de pelúcia eram exatamente iguais: não parecidas nem contíguas, mas simplesmente "a mesma coisa". Então, devemos ver as outras satisfações como ecos, equações ou antagonistas?

Esse problema foi estudado, em certa época, por analistas e etólogos, que distinguiam elementos de fases da pulsão. Um bebê poderia mamar depressa demais para permitir a associação da fase de sucção do ato, a fim de gerar uma sucção "extra" que assumisse outras formas. Enquanto nos filhotinhos de cachorro isso geraria o ato de chupar as patas, produziria nas galinhas um bicar das penas de outras galinhas e, nos bebês humanos, geraria uma sucção dos dedos. Quando a cadeia de lanchonetes Kentucky Fried Chicken usa como lema principal

"Gostoso de lamber os dedos", talvez isso se refira menos ao desejo de chupar a massa deliciosa dos dedos engordurados do que à sucção "extra" exigida pelo consumo rápido da refeição frita.[127]

A refeição em si termina, por assim dizer, antes de acabarmos de sugar. Essa questão da dualidade das satisfações é significativa, aqui, em mais de um aspecto, uma vez que constituiu, na verdade, uma primeira alternativa à teoria freudiana da gratificação por descarga. Se o prazer era equiparado à descarga da excitação, a suposição era um modelo amplamente quantitativo de energia móvel. Entretanto, nos *Três ensaios* Freud escreveu que uma meta sexual pode consistir "em substituir a sensação projetada de estímulo da zona erógena por um estímulo externo que elimine essa sensação, ao produzir uma sensação de satisfação".[128] Esse estímulo externo assumiria a forma de "um tipo de manipulação análogo à sucção", e isso significa que, "para eliminar um estímulo, parece necessário acrescentar um segundo estímulo no mesmo lugar".

Em nossos exemplos, contudo, no sentido físico ele tanto pode estar no mesmo lugar quanto em outros, mas talvez no mesmo lugar num sentido mais psíquico. E esse, é claro, é um esquema qualitativo, não quantitativo. Como disse George Klein, "a relevância qualitativa das estimulações é a questão crucial, e não a redução de uma quantidade de energia".[129] Neste ponto, também é tentador ligar essa questão de uma dualidade de excitações — ou, pelo menos, manipulações — com a da dor. É sabido que o limiar da dor é aumentado pelo acréscimo, em outra parte do corpo, de uma outra dor intensa. Podemos pensar na cena de *Arquivo confidencial* em que o agente Harry Palmer crava uma unha em sua mão para não ser dominado pela tortura sensorial a que é submetido, num processo confirmado por alguns estudos fisiológicos. Poderia algo comparável acontecer também com o prazer, e não apenas com a dor?

A clínica sugeriria que não. Os estados extremos de prazer tendem a ser sabotados, mediante obstáculos e empecilhos introduzidos para bloquear a excitação crescente, em vez de facilitá-la. Poderiam então as atividades acessórias da primeira infância e da idade adulta ser entendidas como limitações, esforços para conter um conjunto opressivo de sensações? É possível, mas será que isso também não envolve um processo funcional, através do estabelecimento de correspondências? Como diz Walter Ong, "a geminação está no cerne de todas as operações humanas". Ao falar da lógica da predicação, ele assinala que duas bases separadas devem ser sempre garantidas, visto que a mente "precisa de dois itens para contrapor um ao outro".[130] Os "dois passes" necessários aqui regem a apreensão sensorial e a lógica.

Assim como Lévi-Strauss afirmou, certa vez, que o mito não serve para *solucionar* os problemas enfrentados pelos seres humanos — como nascimento, sexo e morte —, mas para lhes dar configurações diferentes, talvez também a criação de excitações secundárias tenha uma situação comparável. E, assim como os mitos são continuamente gerados, essas excitações podem ter que ser criadas para marcar os pontos primários de contato com o Outro, já que uma única modalidade de contato sensual não basta: tem que haver pelo menos duas para que se forme uma estrutura. E uma estrutura é uma forma de lidar com a excitação...

SERÁ QUE ESSAS ATIVIDADES ACESSÓRIAS da primeira infância e da idade adulta, mais tarde, também devem ser situadas do lado das separações? Se elas surgem nos momentos em que, essencialmente, a criança mais está à mercê do Outro e no auge da dependência dele, será que o próprio fato de autogerar um atrito não lhes conferiria um valor separador? Fazemos algo, em vez de ficar simplesmente submetidos a que nos façam algo. Isso alinharia tais fenômenos com o que Winnicott chamou de objetos transicionais, e ele enfatizou que esse termo também poderia aplicar-se a atividades e a objetos físicos como tais.

Todas as separações que consideramos até aqui envolvem algum tipo de retraimento manifesto do Outro ou de recusa dele, mas a dicotomia torna-se mais complexa pelo fato de que, como observou Rudolph Loewenstein, pode-se resistir ao Outro fazendo exatamente o que ele manda.[131] Na história de *O aprendiz de feiticeiro*, a situação catastrófica é causada pelo fato de um menino levar as vassouras a fazerem exatamente o que lhes é ordenado: buscar água no poço. O deleite inicial com a obediência delas transforma-se em horror quando elas não param, e esse arco que vai do prazer à dor caracteriza muitos exemplos de submissão rebelde. Nos termos de Loewenstein, o crime se transforma no castigo.

A série mais popular da história da televisão gira em torno de uma dificuldade semelhante. Quase todos os personagens de *The Game of Thrones* são definidos por sua relação com uma palavra, um vínculo, um pacto ou um juramento feito por eles, quer em busca do poder euísta, quer no intuito de preservar uma dinastia familiar. Mesmo que cumprir esses juramentos resulte em dores e sofrimentos indizíveis, eles continuam a fazê-lo, amiúde com resultados cômicos, como acontece com o cavaleiro Brienne de Tarth. Embora essas práticas possam afigurar-se raras no mundo ocidental de hoje, o enorme sucesso da série mostra que elas exploram uma lógica poderosa, que funciona em cada um de nós sem nosso conhecimento consciente. O Brexit talvez seja outro exemplo disso: pelo simples fato de termos feito um juramento idiota (o plebiscito), temos que cumpri-lo cegamente, até sermos destruídos.

Esse tipo de ímpeto autodestrutivo é ligado, com muita frequência, não apenas ao nome de um país ou "nação", mas ao próprio sobrenome de família. Um analisando descreveu que, décadas antes, tivera que deixar seu regimento ao se ofender com comentários feitos por um oficial superior sobre um ramo distante de sua família. Embora não tivesse nenhum contato com ele e admitisse que, na verdade, não se tratava de pessoas irrepreensíveis, ele reagiu com uma explosão de indignação moral que sabia não ser útil na sua situação. Aliás, é comum surgirem e se inflamarem animosidades a partir de uma desconsideração com o sobrenome de alguém, o que empurra os atores para uma trilha de violência que tende a acabar mal.

O interessante é que, muitas vezes, as próprias partes têm consciência disso, mas acreditam não ter escolha — o nome tem que ser honrado —, ainda que isso se dê ao preço de sua própria destruição. Efetivamente, portanto, o nome parece sobreviver, mas não eles, e seria o caso de nos perguntarmos se isso não esconde uma animosidade em relação ao nome em si. Nega-se o Outro através da própria negação de si, e assim, aquilo pelo qual se luta pode ser exatamente aquilo que se combate.

Seria difícil evitar, neste ponto, uma consideração sobre o supereu, dada não apenas sua associação com o que Lacan chamava de "promessas vãs", mas também sua definição como o imperativo "Goza!". Dito em termos simples, costuma-se entender que isso significa que o supereu consiste em imperativos, ordens que não trazem realização, e sim sofrimento. Recebemos ordens de comer mais, beber mais, gastar mais, transar mais, sofrer mais, sendo empurrados por caminhos que não têm fim e que nunca nos trazem as recompensas que às vezes esperamos. De acordo com Freud, quanto mais renunciamos a considerar a satisfação da pulsão, maior e mais poderoso torna-se o próprio supereu.

As explicações populares dizem-nos ainda que esse é o supereu do capitalismo tardio, que nos manda gozar e consumir sem parar, a despeito do tributo pesado que isso nos cobra. Ele é contrastado com formas anteriores do supereu, que, segundo se afirma, exigiam renúncia, em vez de gastos, menos em vez de mais. Esta última ideia certamente não é nova e foi um tema comum na sociologia dos anos 1940: a cultura contemporânea era impulsionada por um imperativo implacável de gozo, que suplantava os sentimentos reais de qualquer pessoa envolvida. Na ilustração citada com frequência, um garotinho vira-se para a mãe e diz "Mas, mamãe, eu não quero me divertir".

Se um dia a satisfação dos impulsos proibidos tinha sido associada à culpa, agora se dizia que era o não gozar que criava esse problema. Nas palavras de Martha Wolfenstein, agora o comprazer-se era "não apenas permissível, mas exigido", e havia uma "nova obrigatoriedade de prazer".[132] Isso poderia afigurar-se a alguns como um enfraquecimento do supereu — no modelo de Harold Laswell, no qual o supereu é a parte da personalidade solúvel em álcool —, mas, na verdade, apenas deu novos poderes a esse "supereu submerso", aplicando "uma norma de realização" ao prazer. De modo similar, enquanto anteriormente os manuais de criação de filhos instruíam sobre o cerceamento do prazer, agora o gozo era quase um dever: para Wolfenstein, o novo imperativo era "Você tem que se comprazer com seu filho", uma pressão também empregada com a própria criança para ela se comprazer.

As explicações sociológicas complicam-se, é claro, pela natureza dos próprios imperativos. Como nos mostram claramente os contos de fadas, dizer a alguém para não fazer alguma coisa é o mesmo que lhe dizer para fazê-la. "Não toque no fuso da roca", "Não entre na floresta" ou "Não abra a porta proibida" são, com efeito, ordens para que se faça exatamente essas coisas. Em *O rei leão*, da Disney, Scar sabe exatamente como fazer o pequeno Simba entrar na zona proibida do cemitério dos elefantes, dizendo-lhe para não fazer isso. A proibição é idêntica a uma ordem de transgredir. Vladimir Propp notou isso em sua *Morfologia do conto maravilhoso* e questionou por que as funções de proibição e violação eram quase sempre encontradas aos pares.[133]

Quando nos voltamos para as explicações psicanalíticas, mais uma vez, a teoria de Freud é bem abrangente. Ele distingue uma versão ou versões pré-edipianas do supereu e um supereu formado ao final do complexo de Édipo, baseado em núcleos verbais. Este se caracteriza por uma contradição básica: aja como o pai e não aja como o pai.[134] Aqui, o impulso é para uma identificação, mas uma identificação que impele ao mesmo tempo em duas direções diferentes. Daí a dupla impossibilidade de satisfazer os ditames do supereu. Quanto às versões anteriores, Freud acolhia a ideia de que, assim como o complexo de Édipo parecia trazer consigo uma introjeção dos imperativos, cada fase libidinal anterior também podia ter seus próprios padrões de introjeção. Embora ele não tenha desenvolvido essa ideia — como fariam Melanie Klein e Edward Glover —, ela está presente em seu ensaio "Inibições, sintomas e angústia".

Lacan também distingue um supereu edipiano de seus antecedentes arcaicos, mas as formulações nem sempre são claras, especialmente em termos da relação do ideal de eu com o supereu. O supereu "primitivo" é ligado à incorporação da estrutura da fala, e não do sentido, e é descrito em termos orais: as palavras são internalizadas de modo análogo ao leite materno, porém menos como um agente nutritivo do que como uma compensação pela frustração do amor.[135] A questão é se esse modelo traz o risco da confusão entre processo e fantasia que Lacan — como Glover — havia observado em sua crítica a Klein: o bebê imagina que as palavras estão mesmo do lado de dentro, ou há um processo pelo qual elas são internalizadas? Mais uma vez, toda a teoria lacaniana do Outro se opõe a isso.[136]

Antes do desenvolvimento dessas ideias, o modelo de supereu do *Seminário 1* é muito preciso. Se o inconsciente é definido como a alienação produzida pelo simbólico no sujeito, o supereu é o cisma no coração do sistema simbólico, a falha ou incapacidade da lei para negociar suas próprias origens.[137] Daí o famoso exemplo do bloqueio de um escritor: em vez de se concentrar na mão do paciente como instrumento de masturbação, Lacan a liga ao suposto ato de roubo do pai, cujo castigo seria decepar a mão. O filho não entendeu isso — ou se recusou a entender —, gerando um núcleo do supereu, uma afirmação fragmentada e inconsistente, que não pode ser integrada em seu universo simbólico.

Outro exemplo famoso do imperativo não integrado vem de um relato de Freud sobre sua infância. Quando ele tinha sete ou oito anos, urinou no quarto dos pais e seu pai exclamou, com raiva: "Esse menino nunca será ninguém".[138] Criado numa família que mais inflava do que solapava seu senso de realização, essa declaração foi para ele "uma afronta terrível", e alusões a ela apareceriam em seus sonhos por décadas a fio, "constantemente conjugadas com enumerações" de seus sucessos. Aqui o supereu assume a forma da parte da fala que se choca com certo pano de fundo que ela invade, não raro o do amor materno.

Daí a associação do supereu menos com a relação primitiva com a mãe do que com falhas no nível da fala: "juras quebradas, [...] descumprimentos da palavra, [...] palavras ao vento". Esses pontos de incoerência serão "molas que, na malha rompida da cadeia simbólica, fazem emergir do imaginário a figura obscena e feroz em que se há de ver a verdadeira significação do supereu".[139] Observe-se aqui que é a malha rompida que permite que a "figura obscena" emerja, sugerindo que o supereu deve ser considerado em dois níveis: em termos de uma ruptura na cadeia e em termos das representações que surgem daí, sem dúvida específicas do indivíduo e de sua cultura. É a própria discordância desses pontos no simbólico que lhes dá seu poder eletivo.

Muitas vezes se observou, aliás, que as crianças são sensíveis a pontos de incoerência no outro e os buscam ativamente. Em parte alguma isso é mais evidente do que nas situações em que, precisamente, faz-se todo esforço para assegurar a coerência absoluta. Como observaram Anna Freud e Dorothy Burlingham, as creches residenciais durante a guerra apresentavam à criança rotinas fixas, estruturas impostas à vida cotidiana, que pareciam muito mais rígidas do que as encontradas na maioria das famílias. Qualquer desvio dessas rotinas — como a folga de uma babá, um feriado, um exame médico ou uma reunião da equipe — tornava-se incrivelmente importante, mesmo que seu conteúdo efetivo fosse banal. Era como se as crianças buscassem pontos de incoerência, que depois eram ampliados e investidos de enorme importância.[140] Vemos o mesmo fenômeno na vida prisional, na qual pequenas quebras e alterações da rotina podem ser transformadas em eventos significativos.

Entretanto, essas contingências não são, por si sós, "malhas rompidas". Na verdade, tendem a representar encarnações da curiosidade sexual e só assumem realmente um status de supereu quando aquilo com que o sujeito depara ultrapassa a dimensão do pacto e da troca simbólicos: um pronunciamento opaco, uma desconsideração de uma relação de parentesco, uma infração ou distorção da Lei, ou qualquer desgaste repentino de uma imagem ideal. Até aí tudo bem, mas, no seminário da *Ética*, aprendemos que o supereu é o resultado do luto pelo pai imaginário do final do complexo de Édipo. "A recriminação perpétua", diz Lacan, "que então nasce" — a recriminação a Deus por ter feito muito mal as coisas.[141] Essa nova ideia parece diferente da teoria dos imperativos e situa o supereu no nível de uma acusação. Poderíamos tentar torná-la consistente, interpretando a falha paterna como equivalente, de algum modo, às juras quebradas e aos descumprimentos da palavra de "A coisa freudiana", mas será que isso não traz o risco de "imaginarizarmos" o supereu, exatamente da maneira que Lacan tentou questionar no *Seminário 1*? Como um bumerangue, a acusação se transformaria numa autorrecriminação.

Sem entrar aqui numa discussão adicional das formulações de Lacan, podemos tentar entender por que o supereu seria equivalente ao imperativo "Goza!". Bem, em primeiro lugar, ele assumiria a qualidade interpelativa e invasiva da própria fala, antes do estabelecimento do significado. Mas em que sentido isso é um "Goza!" ["*Jouis!*"] que vá além do trocadilho feito com "Ouço!" ["*J'ouis*"]? Acaso isso se refere à dimensão de comando da fala como tal, ou à objetificação que vem com ela, conforme o bebê é interpelado e manipulado por seus cuidadores e conforme estes falam com ele e sobre ele? Se voltarmos então à teoria da discordância, estaremos no campo do sentido, já que este envolve contradições, tensões e falhas marcadas por uma falta de compreensão e integração. Agora, "Goza!" faz sentido como uma exortação a cumprirmos os elementos incoerentes da cadeia e a nos escravizarmos a eles, precisamente por causa de sua discordância.[142]

O fato de esses elementos muito frequentemente serem ligados à sexualidade só faz ampliar sua força imperativa, uma vez que as expressões da sexualidade parental tendem a se chocar com outras construções e imagens ideais. Aqui, portanto, os imperativos do supereu podem ser maternos ou paternos, mas com a ideia de que o estabelecimento de uma agência interpeladora se dá, antes de mais nada, através da fala materna. Observe-se que, nesta explicação, perdemos os imperativos especificamente contraditórios frisados por Freud — "faça" e "não faça" —, e as personificações do supereu são consideradas secundárias ao efeito da fala. Quando Lacan se refere à "gula" do supereu, isso não pode ser realmente levado a sério, caso se trate de uma ação puramente estrutural que funciona através de imperativos, e as afirmações de que isso indica seu caráter oral devem ser anuladas pelo uso lacaniano do mesmo termo, exatamente, para descrever o pai primevo: será que ele também é produto da oralidade?

Similarmente, se revisitarmos a ideia inicial do supereu como capitalizando na lacuna entre o eu e o ideal, a discordância poderá ser ligeiramente deslocada. A própria impossibilidade de atingir o ideal é libidinalizada, amiúde com base em intervenções paternas que questionam essa falha. Em termos edipianos, a criança é lembrada de sua impossibilidade de ser o falo para a mãe, e esse é um infortúnio desejado, precisamente, pelo terceiro: não se trata apenas de uma derrota vazia, mas de uma derrota que *satisfaz outra pessoa*. A falha, o sofrimento e a satisfação fundem-se, portanto, num espaço que tem uma qualidade imperativa, conforme o sujeito é empurrado para a encarnação do falo e impedido de encarná-lo. Como estamos longe, nesse ponto, dos matemas claros do complexo de Édipo que nos são tão caros.[143]

Também é curioso que nossos esforços para evitar as armadilhas da psicologia das faculdades e da personificação pareçam ser solapados por nossa maneira de falar do supereu. O homúnculo de que tanto tentamos nos desviar, quando nos referimos ao inconsciente, parece reaparecer com o supereu, possivelmente em consequência da ideia da "malha rompida", da ideia de que é nos pontos de ruptura da cadeia simbólica que os retratos imaginários tendem a se cristalizar. Talvez seja exatamente a estrutura do supereu que o faz assumir formas substanciais, gravitando para as imagens homunculares...

Nossa tendência, tanto de lacanianos quanto de não lacanianos, a falar de ataques e recriminações do supereu contribui, sem dúvida, para essa visão antropomórfica. É possível dizer que um imperativo ríspido ataca ou recrimina o sujeito? Bem, sim, na medida em que ele entra em conflito com outros materiais significantes, ou com uma imagem ideal, como fez a afirmação do pai de Freud. Assim, poderíamos admitir imaginarizações do supereu, tanto orais quanto escópicas, por exemplo, e isso é clinicamente inegável. Mas devemos tomar cuidado aqui para distinguir entre a ação dos imperativos e a defesa contra eles.

A atividade humana frenética, que traz pouca satisfação consciente, pode ser um modo de repelir a intromissão do supereu. Para tomar o exemplo de Freud, ele observa que, toda vez que as palavras ríspidas de seu pai ressurgiam, elas eram "constantemente pareadas com enumerações" de suas realizações. Estas últimas, podemos presumir, seriam recrutadas como defesas contra a recriminação paterna. Quando identificamos o supereu com o "Goza!", isso bem pode caracterizar menos a ordem do agente em si do que a tentativa desesperada de fugir dela ou contorná-la, o que, em alguns casos, pode envolver uma exibição de sofrimento ou prazer.

Freud tocou nesse ponto em sua discussão da relação do supereu com o humor, que almeja, segundo sua visão, mudar seu dêitico. E, assim como Lacan comentou a pressão para passar adiante os erros pelos quais o sujeito é "encarregado de transmitir a outrem essa cadeia do discurso em sua forma aberrante", é bem possível que, ao ouvirmos uma piada, nossa primeira ideia seja: "A quem vou contar essa agora?".[144] Mas será que esse princípio da distribuição da culpa é uma característica do supereu, ou de um posicionamento ou defesa contra ele? Será que o comediante cuja vida pode depender de fazer suas plateias rirem, noite após noite, obedece a um imperativo do supereu, ou tenta mantê-lo afastado?[145] O famoso chiste dos depressivos é outro bom exemplo aqui. Assim, para dizê-lo de forma simples, "Goza!" tanto pode aplicar-se às admoestações do supereu quanto às defesas contra ele.

Passemos agora do Lacan da década de 1950 para o dos anos 1960, começando pelo texto, que constitui um marco, intitulado "Subversão do sujeito e dialética do desejo no inconsciente freudiano". A tese sobre o investimento libidinal da imagem é recapitulada:

> Foi a isso que nós mesmos voltamos, ao demonstrar que a imagem especular é o canal adotado pela transfusão da libido do corpo para o objeto. Mas, desde que fique preservada uma parte dessa imersão, concentrando em si o que há de mais íntimo no autoerotismo, sua posição "em ponta" na forma a predispõe à fantasia de caducidade em que vem concluir-se a exclusão em que ela se acha da imagem especular e do protótipo que esta constitui para o mundo dos objetos.[146]

Essa tese permanece a mesma ao longo da década de 1960, como vemos nesta citação de *A lógica da fantasia*: "O valor do gozo tem origem na falta marcada pelo complexo de castração, ou seja, na proibição de um autoerotismo que incide sobre determinado órgão".[147]

Os problemas que levantamos antes ficam claros aqui, mais uma vez: a ideia de um gozo autoerótico, ligado à proibição, e a ideia da transfusão da libido por meio da imagem especular. O que há de novo, porém, é o princípio do sacrifício que Lacan grafa como Φ, ao lado do termo "gozo" no grafo. O gozo é um ponto virtual, pressuposto por nossa inscrição no simbólico, com a ilusão de algum tipo de positividade, resultado de um sacrifício puro. Jacques-Alain Miller elucidou esse uso do termo em "Subversão...", mostrando que "gozo" significa, de fato, ausência de gozo, na qual encontramos Φ, uma negação do gozo que não é, em si mesma, passível de negação.[148]

Se esse sacrifício é entendido como voluntário ou puramente estrutural, ou ambos, é um problema clínico, uma vez que a análise mostra os posicionamentos diferentes que podem ocorrer aqui, indo da recusa ao retraimento e à "atestação". Dificilmente se poderia dizer que os milhares de zumbis que se sacrificam em *Guerra mundial Z*, permitindo que outros os pisoteiem e, com isso, construam muros e taludes feitos de corpos, tenham aceitado a castração. A renúncia em si não significa nada, especialmente quando é resultado do medo ou da identificação, e não do consentimento.

O fator fundamental aqui, é claro, é a relação com o Outro, uma vez que as renúncias na infância são quase sempre renúncias *por* outra pessoa. Assim como abandonar ou esconder uma atividade pode ocorrer por medo de uma repreensão ou da perda do amor, o consentimento num sacrifício pode se dar precisamente a bem do genitor, e não como uma espécie de consequência automática da internalização de uma ordem. A gramática de formulações comuns, como "Dê mais uma mordidinha para a mamãe" ou "Faça um totô para a mamãe", destaca essa estrutura relacional e dá um indício do que está em jogo por trás dela. A possibilidade de amor é trocada pela renúncia.

É uma pena que esses fatores sejam eclipsados em nossos esquemas e grafos, como se houvéssemos encontrado um operador lógico em Φ que, com isso, descontasse as causalidades potenciais de todas as transações dentro da família, então transformadas em epifenômenos. Seria possível dizer, é claro, que a questão é, exatamente, que só se atinge Φ ao sair do registro da troca — no qual a criança faz alguma coisa *por* — para um nível diferente, que não envolve nenhuma reciprocidade e sim a intervenção de um terceiro ou de um termo que ultrapassa qualquer dualidade na relação com a mãe e inscreve uma significação de perda. Podemos presumir que tenha sido essa a ideia de Lacan — e, sob forma menos rigorosa, a de Anna Freud em seus comentários sobre a renúncia —, mas reconhecê-lo significa que devemos tomar cuidado ao assemelhar nosso esquema de imposição da linguagem ao corpo ao esquema da trajetória edipiana, e também devemos refletir sobre a questão da relação das renúncias com os sacrifícios, e do lugar que têm os apegos afetivos nesse processo.[149]

Aqui, o modelo da perda costuma ser reduzido a algo parecido com o esquema abaixo, onde *a* assume o lugar da Coisa como a encarnação fragmentada do gozo:

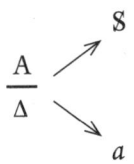

$$\frac{A}{\Delta} \begin{array}{c} \nearrow \cancel{S} \\ \searrow a \end{array}$$

O gozo do corpo é cortado pela linguagem, para produzir o sujeito barrado e *a*. Mas o que é o Δ? Será que as complexidades do desenvolvimento na primeira infância são realmente redutíveis a essa célula básica? Seria uma pena ignorarmos 150 anos de observação e estudo de crianças em favor de dispormos de um belo diagrama. O suposto gozo do corpo deve ser um campo complexo antes da suposta imposição ou inscrição do simbólico, com seus próprios ritmos, padrões de descarga, urgências, relações com a musculatura, efeitos endócrinos, ligações com a respiração e assim por diante. Podemos realmente optar por apenas ignorar isso? No entanto, a ausência de um trabalho lacaniano sobre a sexualidade infantil e a inervação corporal é realmente digna de nota.

O estudo detalhado do corpo da criança e de suas relações com o Outro reduz-se aqui a fórmulas como "Para humanizar, o gozo deve ser extraído do corpo". Carne e corpo são separados, sendo o agente da extração geralmente identificado com o simbólico, ou pelo menos com alguma espécie de processo de tipo simbólico. Essa é, sem dúvida, uma observação importante — a de que um corte ou uma inscrição da falta tem que ocorrer, para tornar o corpo mais habitável — e é confirmada na clínica. No entanto, ao mesmo tempo ela reforça a visão questionável de que o gozo é uma espécie de carga elétrica ou muco, dentro do organismo, que precisa ser esvaziado. O modelo mecânico freudiano de determinada época apenas reaparece aqui sob um novo disfarce. Decerto seria mais correto dizer que os padrões, ritmos e processos que geram certas formas de inervação e ativação são afetados pela linguagem e por estruturas relacionais: o "gozo", portanto, é menos uma coisa escondida dentro de nós — uma fantasia que tem versões neuróticas e psicóticas — do que um produto.

Isso nos traz à lembrança os debates da Sociedade Britânica de Psicanálise em torno do termo "objeto interno", que foram uma faceta muito central das *"discussões controversas"*.[150] Seria ele uma coisa real dentro das pessoas ou um objeto de fantasia? E, neste último caso, não estaria infiltrado no aparato teórico kleiniano, mascarado de conceito científico? Os casos clínicos estão sempre a nos mostrar como as pessoas substancializam aquilo que tomam pela realização do Outro, ou por sua exclusão ou sua toxicidade, desde a experiência da inveja até os esforços do paranoico para acertar o ponto de injustiça ou malignidade do Outro. Muitas vezes, este é descrito como uma substância positiva real, um *kakon*, mas será que isso significa que ele existe de fato ali, como um "objeto interno"? Ou, ao contrário, será que se abre para o estudo das diferentes maneiras pelas quais a injustiça, a toxicidade, a incoerência, a crueldade ou a satisfação pode ser hipostasiada?

Se estas últimas forem vistas como efeitos, por exemplo, da ausência da confiança básica entre a criança e a mãe, descrita por Erikson — retomando a ideia husserliana de que existe um ato arcaico de fé no simbólico —, poderemos falar de uma "clínica da desconfiança básica", em vez de uma "clínica do gozo", sem dúvida com um efeito cômico. Tenho certeza de que sorriríamos se os psicólogos falassem de sua "clínica da falta de permanência do objeto", e há algo bastante ridículo em falar de uma "clínica de" qualquer coisa em psicanálise. Caberia perguntar por que os analistas se sentem atraídos por expressões desse tipo, para começo de conversa — seria um remanescente da aspiração à legitimidade médica? —, mas a questão aqui é, simplesmente, que a hipostasia do paciente não acarrete a hipostasia do analista. Na verdade, poderíamos pensar que o trabalho da análise é, precisamente, desfazer esses processos, ou pelo menos desfazê-los nos sujeitos neuróticos.

A tenacidade deles não está em dúvida, é claro. Quando uma analisanda relata que, ao jogar tênis, "sinto uma coisa sair do meu corpo, toda vez que bato na bola", ou que "o boxe me deixa tirar o ódio do corpo", devemos interpretar isso no sentido de que uma substância realmente é drenada de seu corpo? O vitalismo que a linguagem reforça e cria pode ajudar a moldar fantasias e experiências corporais, mas daí a substancializar seu significado há um grande passo. Como assinalou Bernard Apfelbaum, em sua crítica à psicologia do ego da década de 1960, tratar essas descrições como o reflexo real de uma transferência de energia é problemático. "Pouco se ganha em compreensão ao traduzir isso numa linguagem mais elegante, como na proposição de que a energia bloqueada num canal pressiona pela descarga através de outro, ou de que a energia flui de um objeto para outro", quando o que pode estar em jogo é, antes, um processo de equações, equivalências, significações ou realizações simbólicas.[151] Para Apfelbaum, se uma coisa *significa* outra, ela pode ser vivenciada *como* a outra, e esse é um processo de significação, e não um processo quantitativo, energético.

Tomemos outro exemplo clínico. Um menino de cinco anos corre por toda parte no consultório, tagarelando constantemente e exibindo uma mobilidade que parece irrefreável. A certa altura das sessões, o analista faz alguns comentários sobre uma perda experimentada pela mãe, e o menino para de correr e escuta. Nos meses seguintes do trabalho, ele se torna mais calmo e começa a se entreter com os brinquedos no consultório. Pegando uma boneca, diz que ela parece triste, e o tema da perda entra em suas brincadeiras com os brinquedos e em sua fala, pela primeira vez. Ora, independentemente de nossa orientação teórica, é presumível que todos concordemos que houve uma mudança aí, e que ela está ligada à intervenção do analista. Entretanto, é nossa maneira de conceituar essa mudança que torna a nos mostrar o problema.

Como lacanianos, provavelmente comentaríamos que o gozo foi drenado do corpo da criança e que, de algum modo, uma significação de perda instalou-se em seu lugar. Esse tipo de comentário é tão ubíquo que não paramos para pensar no que estamos realmente dizendo, e que é, essencialmente, postular uma quantidade corporal interna que é reduzida. Entretanto, falar de drenagem ou esvaziamento está longe de ser mais justificável do que o léxico kleiniano do mundo interno, que todos rejeitamos, por boas razões. Também fica suspeitosamente próximo da longa tradição do pensamento humoral, no qual a saúde é definida pela retirada de um excesso corpóreo — o que Burton chamou de doutrina da "subtração". Uma abordagem mais sóbria seria dizer que a maneira pela qual a criança reage ou processa o que vem do Outro modificou-se. Foi estabelecida uma significação, e o peso da mãe sobre o menino foi questionado, graças à inscrição de uma falta nela.

A sensação de agitação corporal e urgência foi transformada, mas isso não é o mesmo que dizer que uma quantidade de excitação interna foi reduzida. Antes, sugere que a posição em relação ao Outro ou ao lugar ocupado pelo Outro — o que nem sempre é a mesma coisa — modificou-se. Note-se também que a aplicação do rótulo "gozo" à dimensão da mobilidade não explica realmente como e por que o corpo é afetado dessa maneira, mas, ao contrário, impede qualquer exploração apropriada do problema. O efeito da linguagem e da interpelação na mobilidade do corpo permanece como uma questão relativamente em aberto, pela qual é esperável que os analistas se interessem.

Quando um bebê de três meses dá pontapés e agita os braços repetidamente, enquanto chora, devemos interpretar isso como equivalente, de algum modo, a quando uma criança de três anos corre e pula sem parar numa creche ou em nosso consultório? Estarão ambos habitados por um "gozo" corporal que tentam expurgar ou esvaziar? O fato de obviamente não ser esse o caso deveria estimular-nos a explorar melhor as diferenças entre as duas situações e a ligação entre o que o bebê experimenta como possível e impossível e sua musculatura. Similarmente, os elos conhecidos entre o equilíbrio e a excitação sexual nos bebês e nas crianças merecem um estudo adicional, bem como seu desenvolvimento nos atos e práticas de ginástica.[152]

O mesmo problema se evidencia na ideia de uma localização do gozo. A utilidade clínica dessa ideia é indubitável, mas isso não deveria nos impedir de pensar no que ela pressupõe. Quando nos dizem, na conhecida formulação, que o paranoico "localiza o gozo no Outro", presume-se que isso seja significativo, porque sugere que uma localização é diferente de uma projeção, tida como imaginária. Mas o que é uma localização? Ela é operada por um mecanismo simbólico, ou por alguma espécie de função cujo status permanece indefinido? Ou bem entendemos o gozo, aqui, como uma quantidade — nosso modelo da gelatina —, ou como um processo de interpretação. Localizar o gozo no Outro pode ter o sentido de interpretar a ação do Outro como maléfica (perseguição), ou, em outros casos, como o lócus de uma falha que exige correção (limpar o planeta, erradicar a doença etc.).

Pode-se dizer exatamente a mesma coisa sobre a fórmula correspondente na esquizofrenia, na qual o gozo não é localizado no Outro, porém "retorna no corpo". Mais uma vez, isso é excelente como descrição clínica e é útil na elaboração do diagnóstico, mas o problema está no uso do verbo. Dizer que o gozo retorna, em vez de dizer, por exemplo, que ele aparece ou se manifesta no corpo, implica, mais uma vez, a noção do gozo como uma quantidade fixa, deslocada à vontade de um lado para outro. Não seria mais exato dizer que uma excitação mórbida é produzida no corpo, em certos momentos, com isso evitando o modelo da gelatina e a suposição de que é "o mesmo" gozo que reaparece?

AINDA PRECISAMOS PERGUNTAR por que o modelo mecânico é tão disseminado aqui. Talvez haja uma suposição de que fomos além dele ao falarmos de "localização" do gozo, em vez de "projeção" (reservada para o imaginário), mas trata-se, essencialmente, do mesmo modelo de divisão e transferência, como se estivéssemos lidando com uma quantidade finita. Mesmo assim, será que isso indica uma verdade, ou toca numa fantasia? Num dado nível, a ideia de um gozo impossível, perdido, grafado como Φ, poderia incentivar-nos a imaginar que ele um dia existiu: para sacrificar algo, suporíamos que antes ele precisou existir. E esse algo costuma ser escrito como o vínculo incestuoso entre mãe e filho, ou como uma excitação substancial do corpo da criança, ou ambas as coisas. Deve-se abrir mão disso para entrar num campo simbólico, o que deixa restos e vestígios, bem como a constituição do *a*, amiúde localizado nas bordas do corpo. Como se supõe que o gozo seja esvaziado do Outro, o *a* torna-se "equivalente" ao gozo.[153]

Essa é, essencialmente, uma teoria das sobras, e as sobras são, sem dúvida, imensamente populares, romanceadas na arte e na literatura do século XX, mas centrais para a imaginação muito antes disso. A história da religião, por exemplo, pode ser abordada pela perspectiva do pai ou da exclusão das mulheres, mas também da perspectiva do resto, como podemos ouvir na descrição shakespeariana de Créssida: "os detritos da fé, do amor os restos, as migalhas, fragmentos, as relíquias engorduradas de sua fé corroída".[154] Cada um dos principais monoteísmos oferece um lugar central não apenas aos restos de suas figuras significantes, mas também àquilo que é deixado depois de algum processo geral — um flagelo, uma inundação, um ato pecaminoso, um sacrifício — que, não raro, encarna esse resto num objeto material. Pode até haver debates animados e normas em torno da questão de quem recebe as sobras do prato do rabino ou do padre depois de uma refeição.

O processo, aqui, em sua versão analítica, pretende ser uma correção radical da fantasia de absorção pela qual a imposição do simbólico não deixa sobras nem restos: tudo pode ser posto em palavras, tudo pode ser dito, a linguagem é capaz de abarcar tudo. Nessa fantasia, a casa é perfeitamente branca, não há manchas nem desarrumação nem restos. Neste ponto, poderíamos pensar nas listas de Tolstói do que ele faria e diria em todas as permutações possíveis da vida privada ou social, ou nas listas mantidas por Otto Fenichel com a descrição de cada filme que ele via, cada concerto a que comparecia e cada mulher com quem dormia.[155] Assim, todos ficamos encantados ao saber que a imposição do Outro no gozo deixa, sim, um resto no *a*, mas isso é tão fantasioso quanto a versão da ausência de resto. Pode ser verdade, mas também é uma fantasia.

O que faz disso uma fantasia é seu modo de ser usado e apropriado, se definirmos a fantasia como um aparato que permite ao sujeito proteger-se da castração e encontrar um refúgio. Deixa intacto o fascínio do resto. Este pode assumir a forma de um fascínio por "matemas", que às vezes têm o curioso efeito de transformar a versão do resto na versão sem resto da vida psíquica. Em vez de dizer "Desculpe, não temos um matema para isso", o resto é lindamente embalado num pequeno símbolo — *a* — e assim contido e designado de maneira eficaz. Os matemas, para usar o aforismo de Lincoln, são o tipo de coisa que ajuda o tipo de pessoa que é ajudada por esse tipo de coisa.

Afinal, os neuróticos são caçadores de pechinchas, sempre em busca de valor no que é deixado para trás ou perdido de alguma forma, como vemos não só na clínica mas em todo o espectro dos produtos culturais, desde o programa *Antiques Roadshow* até o ubíquo cartão de fidelidade. A pechincha é aquilo que conseguiu passar correndo pelo Outro, evitando suas sanções e transformando prejuízo em lucro. Para o sujeito neurótico, todo dia é uma Black Friday. E as carteiras e bolsas hoje cheias de cartões de fidelidade atestam a mesma lógica: gerar um mais a partir de um menos.

Há uma cena adorável no romance *Remanescente*, de Tom McCarthy, na qual o protagonista pede nove cappuccinos, mas, quando o barista começa a alinhar as xícaras, interrompe-o: "Pode tirar as outras oito. Digo, as outras nove. A que eu quero é a remanescente. A extra". O barista hesita, sem saber ao certo se pode oferecer a xícara de café gratuita sem ter recebido pelas outras. "Ah, eu vou pagar as nove", diz o protagonista, "mas só quero a décima. Pode ficar com as nove, jogá-las fora, ou fazer o que quiser."[156] O valor da xícara de bônus anula o custo dos cafés não bebidos, mas pagos.

Podemos ver essa lógica em ação em muitas brincadeiras infantis. Na popular brincadeira "O que você prefere?", uma criança pergunta a outras qual de um conjunto mínimo de duas opções elas preferem. À medida que prossegue a brincadeira, para grande satisfação dos participantes, ela descamba invariavelmente de perguntas que parecem inócuas, como "O que você prefere: andar de barco ou andar de trem?", para escolhas como "O que você prefere: morrer num naufrágio ou num desastre de trem?". Essas alternativas mórbidas convergem para a pergunta suprema, sobre qual dos pais deveria morrer, se dependesse da vontade da criança. O relevante aqui, no entanto, é a forma assumida por essa opção: como disse um garotinho, "O que você prefere: ter uma mamãe morta ou um papai morto?". Em vez de conseguir dizer "O que você prefere: que sua mãe morra ou que seu pai morra?", um menos é convertido num mais: trata-se menos da morte de um dos pais que do fato de a criança *ter* um genitor morto.

Aqui, a relação com a falta poderia ser imediatamente entendida em termos da questão do ser e do ter. Analistas pós-freudianos como Erich Fromm, Heinz Lichtenstein e Theodor Reik interessaram-se pelos efeitos da negação nesses operadores e pelas relações recíprocas e não recíprocas que decorriam deles. "Não ter", por exemplo, poderia ser entendido como "ser para", o que explicaria algumas formas de submissão e aparente dependência. Lacan elaborou sua própria lógica em torno desses termos na década de 1950, mas, nos anos 1960, vemos uma tese muito mais forte: a de que é a imposição do significante que gera esforços para reintroduzir o "gozo" — em várias formas — nos mesmos espaços que foram responsáveis por sua ausência e seu banimento.

Essa questão da transformação foi um interesse central das elaborações de Lacan na década de 1960, com a ideia do *a* como uma positivação da falta, e com o lucro baseado numa perda significante. Daí as muitas discussões de Lacan sobre o jogo, a aposta de Pascal e a repetição, aliadas a referências a práticas como o *potlatch*. A compulsão à repetição de Freud é supostamente reconceituada, e sua meta e seu motor são revelados como gozo. Mais uma vez, precisamos indagar se isso acrescenta alguma coisa à teoria de Freud, ou se simplesmente dispensa os elementos duvidosos dessa teoria (por exemplo, a ideia de dominar o trauma) e acrescenta um termo descritivo. A razão da repetição é abordada por Freud e pelo Lacan dos primeiros tempos, mas passa a ser evitada nas formulações posteriores.

Podemos até talvez estar nos precipitando demais em nossa correção da tese freudiana. Dominar o trauma é uma expressão às vezes encontrada em Freud, mas ele tende a ser muito mais cuidadoso com seus termos, falando de uma "elaboração" ou de uma "reencenação" do trauma. Aliás, Freud até liga a repetição ao tema da vingança, dimensão que é inteiramente eclipsada em nossas explicações estruturais.[157] Isso está longe de ser o mesmo que "dominar", e a questão clínica da repetição certamente é mais complexa do que uma mera busca de satisfação. Para citar um exemplo, aproximadamente na época do aniversário de morte de seu irmão, que se suicidara, a jovem Katharine Hepburn apanhou-se forçando portas, janelas e claraboias de residências de verão não ocupadas, perto de sua casa de férias. Trabalhando com um de seus amigos como cúmplice, na verdade primeiro ela invadia a casa e depois o deixava entrar pela porta da frente.

Um ano antes, ela fora a primeira a encontrar o corpo do irmão, enforcado, ao forçar a porta do quarto ocupado por ele no sótão, quando o jovem não respondeu. Desesperada, Hepburn tentou chamar o médico que morava na mesma rua. Quando gritou "Meu irmão morreu" para a empregada que atendeu à porta, esta retrucou "Então o doutor não pode ajudá-lo, não é?", e lhe bateu com a porta na cara.[158] A série de invasões que se seguiu consistiu, sem dúvida, em formas de repetição — mas de quê? Do momento terrível de entrar no quarto do sótão e encontrar o corpo, do encontro com a empregada que lhe fechou a porta ou de ambos?

Na invasão das casas, num outro nível, o que se repetiu pode ter sido, precisamente, a experiência de *não* encontrar um cadáver. E, similarmente, talvez o reencenado fosse a experiência de poder passar por uma porta, em vez de ser impedida de fazê-lo. Há também, é claro, a questão de por que ela escolhia espaços proibidos para invadir e a da identificação com o adolescente morto, já que era ela, efetivamente, que se tornava a pessoa a abrir a porta por dentro. Aliás, dessa ocasião em diante Hepburn passou a fornecer a data de nascimento do irmão como sendo a dela. Embora não possamos fazer muito mais do que especular nesse caso, parece claro que a meta desses cenários repetitivos era reescrever alguma coisa, e que as relações entre a dor e a satisfação merecem mais do que um rótulo vazio.

Quando Lacan nos diz que a marca comemora a irrupção do gozo, e quando elabora a relação desta primeira marca com uma segunda, temos uma teoria mais ou menos estrutural da repetição, que faz lembrar as discussões intrincadas do seminário sobre a *Identificação*. A repetição almeja o gozo, mas fracassa por ter que passar pela marca que o comemora. Essencialmente, essa é a teoria freudiana da "identidade de percepção", com um verniz linguístico, acrescida da velha ideia da barreira diante do estímulo — que o próprio Freud e seus alunos viriam a abandonar —, somando-se a ela uma filosofia sobre zeros e uns. O mais interessante aqui é a referência de Lacan à marca, em 1970, como "condutora de voluptuosidade" e à "afinidade da marca com o próprio gozo do corpo".[159] Isso inaugura algumas questões sérias sobre a relação do ato de inscrição com o corpo, com sistemas de memória e com a convergência do prazer e da dor, mas, infelizmente, não há uma elaboração delas.

Freud havia concluído com uma pergunta semelhante seu artigo de 1915 sobre "Um caso de paranoia que contraria a teoria psicanalítica da doença". Ao discutir a inércia singular que se opõe à mudança e ao progresso após a construção dos sintomas, ele a liga à "manifestação de vínculos muito primitivos — vínculos difíceis de desfazer — entre as pulsões e impressões e os objetos envolvidos nessas impressões. Esses vínculos têm o efeito de paralisar o desenvolvimento das pulsões".[160] Uma marca, portanto, poderia ser um molde desses vínculos primitivos, entendidos como uma materialização do impacto do significante no corpo. Mas este dificilmente poderia ser o mesmo em todos os casos de "voluptuosidade", pois se assim fosse todos os fenômenos da compulsão à repetição teriam um valor erótico, em contraste com um simples valor de satisfação.

Outro problema interessante aqui acha-se na noção de uma marca ou inscrição básica. Freud voltava com frequência ao tema do traço psíquico, expressão comum nas discussões contemporâneas sobre a memória e a motivação. A teoria dos traços é ligada, com frequência, à imagem aristotélica da memória como um traço numa pequena tábua de cera, e formou o pano de fundo não apenas do famoso ensaio sobre "O bloco mágico", mas também de grande parte do trabalho neurológico sobre a função da sinapse naquela época. Todavia, em meados da década de 1930, a teoria dos traços tinha sido questionada por uma multiplicidade de críticos diferentes, em especial os psicólogos da Gestalt, que tentaram ampliar seu alcance, e pelo trabalho pioneiro de Frederic Bartlett sobre os sistemas mnêmicos.[161]

Bartlett afirmou que a ideia de que a experiência deixa uma marca separada e distinta na psique, a qual retém sua identidade ao longo do tempo e influencia nosso comportamento de modo unidirecional, precisa ser modificada. Apesar de reconhecer os efeitos formadores do passado no presente, ele elaborou uma teoria de esquemas que era mais ou menos bidirecional e levou em conta nossas capacidades de recriar lembranças, de "reconstruir" o passado. Embora ele não ficasse satisfeito com o termo "esquema" e houvesse sugerido alternativas, o ponto-chave, para nós, é que essas revisões da teoria clássica dos traços apoiam-se na ideia de um operador semelhante a um conceito, e não na de um elemento isomórfico.

Poderíamos retrucar que tanto esquema quanto traço têm seu valor aqui. O operador — ou conjunto de operadores — concebido por Bartlett estaria mais do lado da fantasia, como princípio organizador, enquanto os traços seriam exatamente os elementos que parecem irredutíveis e, em última instância, desprovidos de sentido. Conservar essa dicotomia — ou outra semelhante — ainda nos deixa com o incômodo problema do status dos traços. O modo pelo qual eles são invocados parece sugerir, com muita frequência, que eles apenas pairam no espaço, desligados de qualquer outro elemento: trata-se de nosso "Um do gozo", mais uma vez. No entanto, o fato de esses mesmos elementos poderem aparecer e tornar a ser postos em ação, vez após outra, implica, é claro, que eles estão ligados a redes e cadeias, ainda que não das maneiras que poderíamos esperar.

Evocar um "significante no real" ou um "significante fora da cadeia" soa elegante, mas é indicativo de pouco mais do que pobreza da teorização. É óbvio que esses itens, aparentemente isolados, estão ligados a cadeias e sequências, razão por que, precisamente, podem retornar em certos momentos e, do mesmo modo, exercer seus efeitos em outros momentos. É claro que eles podem parecer reais ou desligados para o sujeito — o que equivale a indicar como são experimentados e posicionados —, mas isso é diferente de seu lugar numa estrutura: caso contrário, a psicanálise seria apenas uma fenomenologia.

A ênfase na marca, na repetição, leva lindamente ao foco no gozo feminino, no início dos anos 1970, e nos ajudaria a reinterpretar os resultados espantosos do Relatório Kinsey. Depois de entrevistar 5940 voluntárias, Kinsey concluiu que o que as mulheres querem é um "contato físico confiável" com outras três áreas especiais de excitação: ler novelas românticas, assistir a filmes românticos e... ser mordidas.[162] Este último resultado foi uma grande surpresa, nos idos da década de 1950, e talvez preserve sua novidade até hoje, porém se torna mais coerente quando o vemos pela perspectiva da marca. Por esse prisma, não é apenas ser mordida que importa, porém a marca que isso deixa, um detalhe que fascina com muita frequência nos filmes de vampiros. Não apenas se é possuído por um Outro, como essa posse também se inscreve de forma visível na carne.

A DISCUSSÃO LACANIANA da sexualidade feminina em *Mais, ainda* é tida como o grande desenvolvimento seguinte em torno da ideia do gozo, mas o que ela nos diz, realmente? As mulheres experimentam um gozo poderoso, mas são incapazes de dizer algo sobre ele. É uma tese atraente, porque todo mundo gosta de um pouco de teologia negativa — o núcleo opaco da feminilidade —, mas será que isso não faz apenas replicar o conhecido tropo da mulher como um enigma, ao mesmo tempo que consegue desconhecer as formulações riquíssimas e precisas sobre a excitação e a sexualidade que as mulheres fizeram e continuam a fazer? É simplesmente bizarro dizer que as mulheres não conseguiram articular nada sobre sua experiência do gozo Outro, como que para anular não apenas sua fala mas grande parte de sua produção literária, poética e artística.

Essa anulação encontra eco na atribuição de "gozo" feita aqui: nos meninos, ele é fálico, nas meninas, é Outro. Embora o pensamento de Lacan seja um pouco mais sutil a esse respeito, a dicotomização é difundida nos círculos lacanianos e talvez esconda sua própria lógica fálica. Assim como a experiência de orgasmo do menino pode ser inicialmente avassaladora e inexplicável, o "gozo" feminino é retratado como... avassalador e inexplicável. Aqui, o gozo é descrito em termos orgásticos, como uma convulsão do *grand mal*, apesar de ser bem sabido que muitas mulheres dão menos valor sexual ao orgasmo do que à experiência de intimidade e proximidade, ou a outros aspectos da sexualidade. Ignorá-los em favor de um modelo que privilegia um conjunto de sensações físicas intensas e desestabilizadoras pode envolver uma projeção dos interesses do menino, do mesmo modo que inúmeras ideias masculinas do corpo feminino e de sua penetrabilidade podem ser vistas como deslocamentos da própria angústia do menino. Isso não quer dizer, é claro, que a mulher não tenha suas próprias angústias a respeito do corpo e de sua penetrabilidade, porém mais vale distinguir essas coisas do que misturá-las.

Mais, ainda ignora essas questões e, em certos sentidos, simplesmente recapitula as pesquisas de William Masters e Virginia Johnson de meados da década de 1960, que opuseram a "infinitude" do orgasmo feminino ao "padrão singular" e à autoabsorção da resposta sexual masculina.[163] Analistas e comentaristas do sexo masculino gostam dos matemas sofisticados do não-todo, invariavelmente evocados nesse ponto, mas o que pensaríamos se alguém nos procurasse afirmando haver encontrado uma fórmula quase matemática da sexualidade masculina e feminina? Nesse aspecto, parece urgente uma checagem da realidade, ao mesmo tempo retendo a ideia fecunda e importante de que tanto a sexualidade masculina quanto a feminina são estruturadas por conjuntos de contradições e oposições, e pela função dos limites que Lacan esclarece. Além disso, porém, certamente há aqui um verniz hipnótico lógico-matemático sobre alguns antigos clichês referentes aos sexos.

Uma das razões de esse verniz ter tido tamanho sucesso em nosso campo é que as contradições e oposições destacadas por Lacan são tacitamente tomadas como uma substituição de uma teoria do conflito, mas poderíamos indagar como a complexidade das orientações e do posicionamento sexuais poderia ser apreendida sem ela. Quando perguntei a colegas por onde teria desaparecido esse conceito básico da psicanálise, a resposta tendeu a ser, depois de uma pausa: bem, o conflito é entre o *objeto a* e a cadeia significante. No entanto, afora o fato de que isso não constitui uma resposta, a célebre incomensurabilidade entre o objeto e a cadeia significante não nos diz rigorosamente nada sobre a sexuação. Quando então nos voltamos para as fórmulas do não-todo, em busca de ajuda, podemos observar que o número limitado de contradições e oposições oferecido não faz realmente um mapa de todas as que encontramos na clínica. Por exemplo, de que modo as ideias de um menino sobre a penetrabilidade e a citólise entram em choque com as concepções rivais do seu próprio corpo e do corpo do Outro?

Será que reconhecer esse problema significa que tenhamos de voltar às teorias da bissexualidade, que sempre pareceram tão embaraçosas para os lacanianos? Mais uma vez, isso é lindamente contornado pelo argumento de que a verdadeira bissexualidade em jogo aqui é a dos gozos. A pessoa não "contém" uma bissexualidade interna, mas pode situar-se do lado de um gozo e, depois, de outro. O elemento da identificação costuma ser minimizado, nesse caso, assim como as consequências psíquicas e físicas desse aparente movimento.

Essa abordagem do sortimento de opções tem uma ressonância conveniente com a mercantilização contemporânea da diferença e é atraente, em especial, para os caçadores neuróticos de pechinchas, uma vez que oferece uma esplêndida justificação teórica para se evitar a castração: estar na função fálica, mas não inteiramente, submeter-se à castração, mas nunca inteiramente... Em outras palavras, essa é exatamente a lógica que oferece uma exposição mínima às feridas psíquicas e seus efeitos. Devemos lembrar aqui que, muitas vezes, o trabalho da análise contraria isso, questionando os esforços do sujeito para fugir de algumas significações básicas e permitindo que ele assuma uma posição, por mais difícil que isso possa se revelar.

Isso não deve ser confundido com a adoção de uma lógica puramente binária, ou com o tipo de exigência "ou isso, ou aquilo" que prova ser tão insensível à própria subjetividade. A variável fundamental, aqui, não é a questão de um binário, mas a do custo, e, para o neurótico, um custo pelo qual ele preferiria não pagar. De Sandor Ferenczi a Edward Glover e a Lacan, analistas observaram que a configuração da análise, junto com parte de sua teoria, pode funcionar como um instrumento para evitar esse custo, uma fuga que as estruturas defensivas da neurose continuam a perpetuar: *não sendo* X nem Y, o sujeito pode simplesmente continuar a *ser* alguma coisa para a mãe.

As fórmulas do não-todo, embora comumente enaltecidas como "o real da estrutura", envolvem outras suposições que vale a pena articular: por exemplo, a diferença entre limite e meta. A ideia de limite na matemática é útil para nós, para evocar questões sobre a impossibilidade e a inacessibilidade, mas se torna menos útil, como metáfora, quando lembramos que os números ou pontos de um espaço não se empenham nem fazem nenhum esforço por si sós. No momento em que começamos a dotá-los dessas propriedades espirituais, deixamos o campo da matemática. Os pais de adolescentes estão bem cientes disso: quando seus filhos recebem o primeiro cartão de crédito, é preciso instruí-los sobre o fato de que limite não é o mesmo que meta, distinção que, naturalmente, é fácil de esquecer.

De modo similar, embora nossa ética psicanalítica pregue o respeito a cada sujeito, um a um, não parecemos notar o problema da abordagem lacaniana nesse ponto, que distingue as mulheres "verdadeiras" das falsas. Alguns atos, do mesmo modo, são qualificados como autenticamente femininos, em contraste com outros que não o são. Lacan parece impressionar-se com as mulheres que se sacrificam — um antigo tropo que, em última instância, equipara a feminilidade à renúncia a si mesma e aos próprios objetos — e se refere à "mulher verdadeira", várias vezes, com a implicação óbvia de que algumas, e provavelmente a maioria, não são mulheres de verdade. Que beleza.

A questão da assunção psíquica, da diferenciação e do investimento nas zonas corporais também é importante aqui, mas é minimizada na maioria de nossas explicações. Aceitando sugestões de Lou Andreas-Salomé e Marie Bonaparte, Lacan havia chamado atenção, anos antes, para a continuidade primitiva das inervações anovulvares, antes da compartimentalização da cloaca, mas, infelizmente, seus comentários não foram retomados por seus estudantes.[164] Fazendo eco a isso, os lacanianos tendem a repetir cegamente o aforismo de que a psicanálise não fez nenhuma contribuição para a sexologia, mas, à parte o fato de isso ser falso, os analistas podem aprender alguma coisa com os sexólogos, caso se deem o trabalho de ler os textos certos.[165] Lembro-me de uma noite em que, como jovem estudante recém-chegado a Paris, ouvi de um dos inebriados seguidores de Lacan a explicação de quais técnicas sexuais eram apropriadas para quais categorias clínicas, um esclarecimento que não foi inteiramente fantasioso.

As redes de inervação do corpo são dignas de estudo aqui, especialmente se quisermos tentar evitar a redução delas ao binário vagina/clitóris ou à divisão tripartite dos "gozos", entre fálico, do Outro e excedente. No último capítulo dos *Três ensaios*, Freud assinala que a relação da excitação sexual com a satisfação sexual é opaca, até certo ponto, e esse é, com certeza, um bom lugar para se começar a explorar a questão da sensibilidade corporal. Poderíamos pensar, por exemplo, na mudança radical, e amiúde bastante abrupta, da receptividade das chamadas zonas erógenas depois do orgasmo, inversão que talvez não seja um simples efeito da repressão nem do tipo de limitação quantitativa que se supõe ser aplicável ao "gozo".[166]

A distinção entre orgasmos múltiplos e orgasmos em série também é de interesse aqui e, assim como Tracey Emin pôde declarar que "Minha xoxota fica molhada de medo", poderíamos contrastar as secreções das glândulas de Bartholin com as da parede vaginal, as quais se pode dizer que são indistinguíveis das do pavor. Houve mulheres que descreveram o "chororgasmo", um estado de êxtase que é, ao mesmo tempo, de tristeza, raiva e luto.[167] A fisiologia primitiva da excitação talvez esteja estreitamente emaranhada com a da angústia, e esse é um campo rico de pesquisas para a psicanálise.

Ironicamente, Kinsey explica que essa associação foi precisamente o que o levou a abandonar uma abordagem freudiana de seu material. Depois de observar a frequência da masturbação infantil em seus sujeitos — apenas 19% —, ele concluiu que os atos masturbatórios não podiam ser sexuais, porque as mesmas reações corporais apareciam durante os estados de medo ou raiva.[168] Embora ele houvesse acreditado, anteriormente, na interpretação psicanalítica desses atos, foi essa ligação que o impediu, então, de reconhecer a sexualidade precoce. Há um grande número de trabalhos do início do século XX sobre a excitação que ainda não foram ligados a uma teoria psicanalítica rigorosa, e esse estudo ainda está por ser feito.

Similarmente, é provável que a tristeza, a raiva e o luto passíveis de habitar o "chororgasmo" não devam ser explicados com muita pressa em termos do complexo de castração. Há inúmeras preocupações arcaicas com o corpo e seu tecido que não são redutíveis a questões de gênero, fato este que foi observado muitas vezes pelos pós-freudianos. Enquanto Freud via o problema da perda de um objeto como a estrutura definidora da angústia — com o complexo de castração como seu principal sistema operacional —, analistas posteriores argumentaram que, muitas vezes, as questões da penetração anal, abdominal e genital não eram absorvidas pelas questões de gênero e constituíam uma ameaça profunda e aterrorizante para os limites corporais e psíquicos do sujeito.

O trabalho lacaniano nesse campo tendeu a ignorar tais questões, anexando-as como derivadas da castração ou como exemplos de $\Phi 0$, a foraclusão da significação fálica, porém elas merecem uma atenção muito mais detalhada. A interpretação da sensação corporal — especialmente quando ela é difícil de localizar — faz parte das primeiras experiências de excitação e pode ter efeitos profundos na moldagem das sexualidades. Quando dizemos, na formulação popular, que o gozo é "aquilo que não para", devemos lembrar que, como disse uma analisanda, "quando a gente está dominada por uma coisa que vem de dentro, a gente acha que isso nunca vai acabar". É a sensação de estar dominado que gera o sentimento do irrefreável, e não o inverso. Em seu caso, essa analisanda pôde ligá-lo a sensações de excitação genital na infância que ela se sentia incapaz de controlar ou explicar, o que a levou a adotar, em sua vida, a atitude muito mais geral de "afastar os sentimentos".

Por fim, uma última observação sobre a tábua da sexuação. Enquanto a sexualidade masculina é mais ou menos restrita à linha da fantasia, que une sujeito e objeto, a sexualidade feminina é dividida entre o falo e o significante da falta no Outro. Num nível puramente formal, anterior a qualquer exploração do que pode significar cada um desses vetores, podemos observar que Lacan ligou a feminilidade não a uma essência, mas a uma relação, ou, dito de outra maneira, a uma oscilação. A implicação de um vínculo não apenas com um homem — às vezes — e com os pontos em que o simbólico não responde ajuda-nos a situar muitos fenômenos clínicos e culturais, bem como a referência lacaniana aos místicos, nesse ponto. Em vez de designar alguém cujo corpo está imerso no gozo divino, o místico, aqui, é simplesmente alguém incapaz de estar inteiramente só em algum momento.

PROVAVELMENTE, a última "teoria" do gozo atribuída a Lacan é a da linguagem e do jogo de palavras. Esse significante, dizem-nos as exposições, não é o que reprime o gozo, mas o que causa o gozo.[169] Supõe-se que nos admiremos ao saber que, onde antes o simbólico e o significante eram tidos como aquilo que drenava o gozo do corpo, agora o significante é a causa. Os exemplos geralmente fornecidos são a "lalíngua" — explicada como a qualidade invasiva, melodiosa ou indiferenciada da fala materna, como o mamanhês, ou como a rica abundância semiótica da linguagem — ou a dimensão equivocada do significante. Mas em que isso se diferencia, poderíamos perguntar, do prazer com o jogo de palavras que os psicólogos estudaram e observaram por cerca de 120 anos? Será esse o mesmo prazer do sintoma? Ou, ao contrário, teríamos que repensar o que queremos dizer aqui com "gozo", e simplesmente identificá-lo com o processo de codificação, perspectiva que Lacan já havia adotado em alguns momentos no fim da década de 1960 e início da de 1970?

Mais uma vez, voltamos a ser atraídos para a questão do recalcamento. Para Freud, a condensação e o deslocamento, tão centrais para a construção dos trocadilhos, são, essencialmente, mecanismos de recalcamento. Os chistes dependem dos recursos deles, e a distribuição da libido, que Freud afirma ser o motor dos vários fenômenos do humor, baseia-se nessa força. O prazer com os jogos de palavras é função do investimento e do contrainvestimento, mas é comum as crianças pequenas ficarem muito perturbadas com a ambiguidade verbal e as referências múltiplas. Tendemos a pensar que as crianças são capazes de falar quando registram a primazia do significante — e quando, a partir daí, o gato pode fazer "au-au" e o cachorro, "miau" —, mas as mudanças de referência também podem ser sumamente inquietantes e, a rigor, rejeitadas pela criança.

É por isso que o humor calcado na ambiguidade verbal só aparece numa fase relativamente tardia da infância, muito depois da época em que é registrada a primazia do significante.[170] Poderíamos supor que isso será uma fonte de prazer cômico a partir do momento em que o gato puder fazer "au-au", mas não é esse o caso, e o que aparece durante esse intervalo temporal é obviamente interessante. A resposta imediata consistiria em que as operações de recalcamento já estão estabelecidas e agora usam o registro da ambiguidade verbal para contornar a censura. Afinal, a ambiguidade verbal é o que permite que nos equivoquemos. As principais áreas que requerem isso são classicamente tidas como girando em torno das questões da identidade sexual e do amor e do ódio. A implicação seria que não há um núcleo real do inconsciente que tenha escapado aos processos de significação, um puro resíduo de gozo numa marca verbal cristalizada, e sim que, se a questão é a ambiguidade significante, ela se inscreve muito mais tarde na infância.

Assim, a aparente cristalização da marca verbal estaria ligada, por exemplo, ao recalcamento — ou a algum outro processo —, mas não podemos simplesmente rotulá-la de "gozo" e presumir que isso resolva o assunto para nós. Dizer que o gozo é apenas um tipo especial de significado, ou um efeito especial de significado, de algum modo separado da cadeia, não nos diz nada sobre como isso se deu e, como vimos antes, a própria ideia de separação da cadeia é enganosa. Evocar o gozo do sintoma como algo que envolve o gozo dos significantes, imobilizados numa espécie de rede de trocadilhos feita por Vulcano, é uma ideia agradável, porém foraclui não só a questão do recalcamento como também a da punição e da culpa, que foram muito centrais para Freud e seus seguidores.

Quando um sintoma se recusa obstinadamente a se mexer, atribuir isso a um "gozo petrificado" ou a um "gozo do Um" não é útil, pois constitui apenas uma descrição a mais, sem nenhum potencial explicativo. Pelo menos, na teoria de Freud, temos uma ideia de por que o sintoma não quer se mexer, visto que materializa uma quantidade de sofrimento considerada psiquicamente apropriada, ou satisfaz uma das formas de resistência que Freud enumera em *Inibição, sintoma e angústia*. Ele admite haver achado difícil explicar essa fixidez libidinal, e podemos julgar insuficientes todas as suas diversas explicações, mas está claro que seus modelos foram introduzidos para proporcionar uma explicação, e não simplesmente para rotular ou descrever.

Freud havia afirmado desde cedo, em 1893, que a própria dor podia ser uma "lembrança de dor", um "símbolo mnêmico".[171] Ao discutir o caso de Emmy von N, ele mostrou que uma constelação de lembranças podia ficar sujeita à amnésia, mas que a sensação de dor — que fazia parte dessa constelação — podia persistir, indicando o recalcado. Se fosse assim, a redução da dor por um trabalho analítico seria uma consequência lógica. Mas a perspectiva econômica, elaborada por Freud um pouco mais tarde, sugere, ao contrário, que a dor pode ter uma função não apenas como marcadora de lugar, mas também como um preço a ser pago, ligado ao tema da culpa e do castigo. Para que ela mude, essa dinâmica precisaria de alguma forma de reconfiguração, e, em certa época, afirmou-se que era a própria transferência que fazia com que a incorporação da culpa na dor deixasse de ser necessária.[172]

Isso poderia esclarecer a notória dificuldade de localizar a dor física, quando ela não tem um ponto óbvio na superfície do corpo, e também as curiosas raízes da própria palavra. O *Webster's Dictionary* define *pain* [dor] como a sensação derivada de uma perturbação funcional, uma doença ou um ferimento corporal, mas isso é secundário a seu significado de castigo ou punição. Similarmente, o *Oxford English Dictionary* aponta como seu primeiro significado "sofrimento ou perda infligido por um crime ou ofensa", e sua etimologia remonta a *poena*, punição.* Esse sentido primário de punição existe em muitas línguas, o que sugere esse elo entre a dor da culpa e a autopunição. Embora isso tenha sido interpretado como implicando que um paciente esperaria uma punição por falar da dor, ou uma repreensão por sua raiva ou ressentimento recalcados, escondidos no sintoma doloroso, porventura não sugere simplesmente, como afirmou Freud, que a dor pode ter o valor de uma punição, ou materializar uma culpa?

ALGUNS LACANIANOS OBJETARIAM que estamos deixando escapar a característica principal do sintoma, ou seja, sua resistência ao significado. A busca de uma explicação deve ser abandonada ao nos confrontarmos com o núcleo opaco do gozo, aquilo que resta depois do longo trabalho de articulação significante. Os apelos ao castigo e à culpa, por exemplo, seriam, em última instância, apelos ao significado, quando não se encontra nenhum. Isso, porém, é mais sofística, pois uma teoria do não significado continua a ser uma teoria do significado, só que agora disfarçada de uma espécie de "ética do real". Deveria soar um alarme quando os analistas — como os políticos e as grandes empresas — repetem, interminavelmente, que sua prática é regida pela ética e condenam outras práticas por evitarem uma "ética do real", o que é sempre mau sinal.

O que faria a distinção entre a ideia de gozo dos significantes no sintoma e uma simples observação seria, por exemplo, a ideia

---

* Em português, encontramos essa origem etimológica na palavra *pena*, também derivada do latim *poena* e do grego ποινή (*poinē* = multa), com as acepções de punição, suplício, castigo etc., mas também com as de aflição, pesar, sofrimento, amargura — outras formas de dor. (N. T.)

de que esse é um gozo que pode ser intrinsecamente deslocado. O problema é que, se acharmos que ele pode ser deslocado, correremos o risco de voltar à ideia da carga elétrica e à de uma substância aprisionada no corpo. Se isso é realmente uma coisa do lado de dentro, bem, o que a gera, o que a transmite, o que a conduz, o que a armazena e o que a transforma?

Todas as antigas perguntas feitas ao conceito de "energia psíquica" podem ser igualmente dirigidas a essa ideia de gozo. Por outro lado, se o ligássemos à dor, que sem dúvida tem uma faceta econômica, pareceria difícil não considerar uma teoria da culpa e/ou do castigo. A implicação mais óbvia dessa abordagem econômica é ver o "gozo" não como uma gelatina empurrada para lá e para cá, mas apenas como uma forma de resposta ou ativação desencadeada por certas condições ou necessidades. Mais uma vez, falar de um "evento do corpo", como se isso resolvesse alguma coisa, é pura bobagem.

Essa expressão — de Anna Freud, na verdade, e não de Lacan — é mais um exemplo do empobrecimento de nossa teoria. Em vez de estudarmos, por exemplo, a vasta literatura psicanalítica sobre a somatização e o envolvimento do corpo nos sintomas, apenas evocamos essa expressão, com isso barrando qualquer pergunta sobre como os sintomas efetivamente se constroem. Invocar a ideia filosófica de que um evento é algo desvinculado do conhecimento também não ajuda, e, em geral, mostra apenas que a análise não foi muito longe. Embora todos saibamos, é claro, que as determinações do conhecimento no sintoma sempre deparam com um ponto limite, não podemos deixar de notar que, quando alguém passa sabe-se lá quantos anos em análise, com sessões de dois minutos, não é muito surpreendente que acabe acreditando na ideia de que a elaboração significante é ineficaz e de que lhe cabe apenas arranjar-se com seu sintoma!

Pode-se objetar aqui que deveríamos estar falando do sinthoma, e não do sintoma, e que os dois conceitos são bem diferentes. Isso com certeza é verdade, mas não deve nos fazer esquecer que há inúmeros sintomas que nunca atingem o status de um sinthoma, e uma profusão de casos em que não há realmente a construção de um sinthoma. O ponto fundamental, entretanto, concerne precisamente à questão do gozo. O gozo do sintoma não pode ser igual ao gozo do sinthoma, porque este último não é produto do recalcamento. O modo pelo qual uma pessoa aprende a viver e a funcionar com o que antes tinha sido uma fonte de sofrimento e desespero não gira em torno da manutenção do recalcamento, embora certamente possa implicar a suspensão de um recalcamento.

Quanto ao tema do sinthoma, anos atrás, numa espécie de paródia de uma hipótese científica, conjecturei que a logomarca da empresa do pai de Lacan devia conter três anéis. O fato bastante óbvio de que o fascínio de Lacan por pedaços de corda e nós fornecia uma ilustração material de sua teoria contemporânea do sinthoma parecia haver escapado à atenção. Enquanto ele contemplava diagramas de nós no quadro de giz, ou manipulava sem parar uma corda, em vez de ver aquilo como a descoberta da verdadeira estrutura da psique humana, parecia provável que isso envolvesse um esforço para encontrar um ponto de coerência em seu próprio mundo. Quando finalmente consegui pesquisar a logomarca, fiquei meio pasmo ao constatar que ela de fato continha três anéis, aos quais, a certa altura, um quarto anel fora acrescentado.

A manipulação física dos nós por Lacan, entretanto, como prática manual, deveria nos incentivar a explorar mais a questão de como interagem os sistemas de linguagem e os sistemas sensório-motores. O fato, por exemplo, de pequenos e grandes movimentos musculares serem muito mais frequentes no início do sono REM do que em ciclos posteriores sugere certa separação entre a linguagem e as funções motoras, assim como o fato de a condensação e o deslocamento tenderem a ser os instrumentos principais da construção de sintomas, depois de certa idade, e não antes, também é indicativo. Contudo, supor que essa separação seja definitiva parece um exagero, e mais ainda a ideia de que os vestígios de fases anteriores de sua relação complexa sejam inteiramente apagados.

De modo semelhante, os vários fenômenos do humor envolvem o corpo de maneiras diferentes no decorrer da infância. Como observou Martha Wolfenstein, uma criança de cinco anos pode sorrir, dar risadinhas, cambalear e cair enquanto conta uma história engraçada, como se a dimensão verbal do relato ainda não tivesse sido isolada. A empolgação da narrativa domina tudo. Alguns anos depois, no entanto, a criança pode contar piadas e anedotas como se exibisse coisas aprendidas, com ausência de participação do corpo.[173] E, logo depois disso, a apresentação efetiva das piadas torna-se importante, com uma nova ênfase no senso de tempo, na mímica e na habilidade narrativa. Enquanto uma criança de nove ou dez anos é comumente capaz de produzir piadas ao ser solicitada, o pré-adolescente não sabe fazer isso "a frio": precisa estar disposto a se tornar o apresentador cômico.

Wolfenstein também observa uma mudança na distribuição do risco. Nas primeiras piadas de estilo adivinhação, preferidas pelas crianças menores, o ouvinte é a parte que corre mais riscos. Caso não saiba a resposta, vai parecer tolo, talvez fazendo eco à situação do contador de histórias no curso de suas próprias investigações frustradas sobre a sexualidade. A forma clássica dessas adivinhações é, essencialmente, a de uma curiosidade relativa ao corpo e ao gênero:

Qual é a diferença entre...?
O que é que...?
Como é que a gente sai de...?

Mas, nas piadas do período pré-adolescente e da adolescência, o falante deve ser capaz de fazer o ouvinte acompanhá-lo, e a vergonha, a culpa e a humilhação que ele pode sentir quando a piada não funciona indicam, sem dúvida, o que de fato estava em jogo. E poderíamos perguntar a que mudança estrutural corresponde essa reconfiguração do risco.

Assim como é muito comum os chistes se basearem nas ambiguidades léxicas e, às vezes, gramaticais da linguagem, não deveríamos aceitar as ressonâncias e usos múltiplos de nosso termo? Por que haveríamos de querer restringir ou cercear nossa maneira de empregar nosso conceito de "gozo", desde que seus significados estivessem suficientemente claros e de que ele continuasse a ser muito útil, tanto clínica quanto conceitualmente? É claro que pode haver uma satisfação exatamente nessa restrição. Ao contrário de centenas de milhares de outras pessoas, William James descreveu seu "puro deleite" por ser apanhado no meio do terremoto de San Francisco, em 1906. A "alegria e admiração" que sentiu resultaram do fato de que, naquele momento, finalmente, ele encontrou o referencial da palavra "terremoto". O "termo verbal" foi enfim "traduzido numa realidade sensível".[174] A palavra e a coisa foram ligadas, gerando uma alegria decerto profundamente sentida.

Talvez essa satisfação tenha assumido seu valor porque, na maioria das outras situações, isso não acontece. A palavra e a coisa não se superpõem com muita nitidez, se é que há alguma, e, no nosso campo, os conceitos certamente tendem a se desenvolver e a mudar de sentido. Mas permitir uma riqueza semântica e confundir conceitos estão longe de ser a mesma coisa. Podemos descobrir que as ideias de "força" e "energia" conservam certa ambiguidade na física, mas isso não equivale a dizer que uma possa substituir a outra. E, na psicanálise, os conceitos de simbólico, real, inconsciente, pulsão e transferência, para citar alguns exemplos, são elaborados de maneiras diferentes e por perspectivas diferentes ao longo do tempo, mas não significam coisas totalmente diferentes ao mesmo tempo. No entanto, esse é o caso do termo "gozo".

Não tenho nenhuma ilusão quanto ao fato de que o termo tende a cair em desuso. Ele serve a um excesso de propósitos e, antes de mais nada, ao de impedir um pensamento mais criterioso a respeito de como habitamos e somos habitados pelo corpo e pela linguagem. Todavia, dentre todos os conceitos lacanianos, é o menos coerente e o menos rigoroso, apesar de ser tido como marca de um nível de sofisticação que somente os lacanianos avançados conseguem alcançar. Poderíamos defini-lo lindamente como uma coisa — à semelhança do "terremoto" de James —, mas isso nos obrigaria a limitar seu uso a uma referência a outros fenômenos não relacionados. Uma vez que ninguém concordaria com isso, haveria o risco de surgir um debate acadêmico cansativo e provavelmente cômico. As definições ficariam cada vez mais amplas, até não restar realmente nada.

Se quiséssemos concluir fazendo uma lista de gozos, poderíamos dividi-los entre os do corpo real, os ligados a como percebemos a subjetividade do Outro e suas demandas a nós, a como atuamos sobre nós mesmos e sobre o Outro para negar essas demandas, e os ligados ao virtual, a pontos de inacessibilidade retroativamente gerados por estruturas simbólicas. A tensão entre essas abordagens talvez pudesse ser indicada, com a definição lacaniana de gozo de 1971, como "a relação do ser falante com o corpo" e, logo depois, como "a ambiguidade da relação do corpo consigo mesmo".[175] A chave aqui, é claro, é a ideia de relação, pois ela implica que o corpo foi constituído e tomado como uma espécie de objeto — o "consigo mesmo" —, o que sugere que os padrões de inervação do corpo são construídos e mediados por estruturas.

Poderíamos interpretar essas estruturas, redutivamente, como "o imaginário" ou "o simbólico", mas isso deveria nos convidar a investigar mais, buscando os efeitos do corpo do Outro, do discurso do Outro e da imagem na criação, localização e sequenciamento da excitação mórbida, da urgência corporal e psíquica, da agitação, da excitação, da inervação, da dor e da satisfação. Usar um único termo para designar todas essas coisas pode ser uma abreviação útil, porém ela tende mais a inibir do que a facilitar a pesquisa, e traz o risco de substancializar as próprias ideias e sentimentos que, na prática da psicanálise, na verdade, almejamos dessubstancializar. Seria bom se os psicanalistas decidissem aqui se dedicarão a vida a provar aos outros — e a si mesmos — que tudo o que Lacan disse depois de 1963 está certo, ou se darão continuidade ao projeto que, podemos presumir, Lacan inaugurou para eles.

Agradecimentos

Meus amigos e colegas lacanianos ficaram encantados ou horrorizados com este livro, polarização que talvez não deixe de se relacionar com o próprio tema. O trabalho nasceu de um seminário do Centre for Freudian Analysis and Research (CFAR), em Londres, no qual estudávamos os conceitos de desejo e gozo. Como se desenvolveram e se modificaram na obra de Lacan e quais foram suas fontes em Freud? Ao estudarmos essas questões, alguns problemas com o uso contemporâneo dos termos tornaram-se claros. As referências abundantes e bastante entusiásticas a "*jouissance*" pareceram desviar a atenção de qualquer exame apropriado dos temas da sexualidade e do sofrimento que diríamos estar sendo evocados. Neste livro, mediante um levantamento do uso do termo, procurei abrir algumas indagações sobre o corpo, a satisfação e a dor, as quais espero que incentivem novas pesquisas.

Quero agradecer a todos no CFAR por sua colaboração e apoio e, em especial, a Julia Carne, Astrid Gessert, Anouchka Grose, Berjanet Jazani e Anne Worthington. Agradeço também a Devorah Baum, Pat Blackett, Marie Darrieussecq, Hanif Kureishi, Geneviève Morel, Jorge Baños Orellana e Jay Watts. Sou grato a Nigel Cooke não apenas por sua esplêndida imagem de capa para a edição inglesa, mas também por um diálogo que sempre me manteve em alerta. Obrigado a Luis Izcovich por seu interesse neste livro, desde cedo, e pela publicação de uma versão inicial com a editora Stilus, em francês, e a Pascal Porcheron, por trazê-lo para a editora Polity. Agradeço a Susan Beer por seu trabalho no texto em inglês, e a Stephanie Homer e todas as outras pessoas da Polity por suas contribuições. Na Wylie, Jennifer Bernstein foi de uma paciência admirável comigo, e Tracy Bohan foi, como sempre, uma agente maravilhosa.

Notas

1. Robert Glick e Stanley Bone (Orgs.), *Pleasure Beyond the Pleasure Principle*, New Haven: Yale University Press, 1990, p. 2. Ver também René Spitz, "Genèse des premières relations objectales", *Revue française de psychanalyse*, n. 28, 1954, p. 488.
2. Néstor Braunstein, "Desire and *jouissance* in the teachings of Lacan", in Jean-Michel Rabaté (Org.), *The Cambridge Companion to Lacan*, Cambridge: Cambridge University Press, 2003, pp. 102-15, e seu *La jouissance: Un concept lacanien*, Paris: Point Hors Ligne, 1994.
3. Erik H. Erikson, *Childhood and Society*, Nova York: Norton, 1950, p. 60 [Ed. bras.: *Infância e sociedade*, trad. Gildásio Amado. Rio de Janeiro: Zahar, 1976].
4. Jacques Lacan, *The Seminar, Book XVII, The Other Side of Psychoanalysis, 1969-70*, estab. de texto Jacques-Alain Miller, Nova York: Norton, 2007, p. 81 [Ed. bras.: *O Seminário*, livro 17, *O avesso da psicanálise*, trad. Ari Roitman. Rio de Janeiro: Zahar, 1992].
5. Ver Jean-Marie Jadin e Marcel Ritter (Orgs.), *La jouissance au fil de l'enseignement de Lacan*, Toulouse: Érès, 2009; Houchang Guilyardi (Org.), *Vous avez dit jouissance?*, Toulouse: Érès, 2019; e o excelente estudo de Dany Nobus, *The Law of Desire. On Lacan's 'Kant with Sade'*, Londres: Palgrave, 2017.
6. Sigmund Freud, *Standard Edition of the Complete Psychological Works of Sigmund Freud* (doravante SE), 24 vols., v. XVI, p. 415.
7. Ibid., p. 329.
8. Ernst Kris, "Some comments and observations on early autoerotic activities", *Psychoanalytic Study of the Child*, n. 6, 1951, p. 100.
9. Sigmund Freud, SE, v. XX, pp. 159-60.
10. Sigmund Freud, SE, v. XVI, p. 365.
11. Ibid., p. 294.
12. Ibid., p. 365.
13. Sigmund Freud, SE, v. X, p. 167.
14. Sigmund Freud, SE, v. XVI, p. 366.

15. Sigmund Freud, *SE*, v. vii, pp. 158 e 193.
16. Sigmund Freud, *SE*, v. xiv, pp. 137-9. As mudanças da visão de Freud a esse respeito são criteriosamente examinadas por Paul Stepansky, *A History of Aggression in Freud*, Nova York: International Universities Press (IUP), 1977.
17. R. Holt, "A review of some of Freud's biological assumptions and their influence on his theories", in Norman Greenfield e William Lewis (Orgs.), *Psychoanalysis and Current Biological Thought*, Madison: University of Wisconsin Press, 1965, pp. 93-124, 381. Ver a discussão em Erich Fromm, *The Anatomy of Human Destructiveness*, Londres: Cape, 1974 [Ed. bras.: *Anatomia da destrutividade humana*, trad. Marco Aurelio de Moura Matos. Rio de Janeiro: Zahar, 2ª ed., 1979].
18. Jacques Lacan, "Some reflections on the ego", *International Journal of Psychoanalysis*, n. 34, 1953, pp. 11-7. Sobre o contexto, ver Richard Burkhardt Jr., *Patterns of Behavior: Konrad Lorenz, Nico Tinbergen and the Founding of Ethology*, Chicago: University of Chicago Press, 2005.
19. Sigmund Freud, *SE*, v. xxi, p. 119.
20. Karl Abraham, "A short study of the development of the libido viewed in the light of mental disorders" (1924), *in Selected Papers of Karl Abraham*, Londres: Hogarth, 1927 [Ed. bras.: "Breve estudo do desenvolvimento da libido, visto à luz das perturbações mentais", in *Teoria psicanalítica da libido*, Rio de Janeiro: Imago, 1970]. Ver minha observação sobre a tabela de Abraham em *Freud's Footnotes*, Londres: Faber, 2000, pp. 141-2 [Ed. bras.: *Pé de página para Freud: uma investigação profunda das raízes da psicanálise*, trad. Eduardo Rieche. Rio de Janeiro: Best Seller, 2010].
21. Karin Stephen, *Psychoanalysis and Medicine*, Cambridge: Cambridge University Press, 1933, p. 72.
22. "Mamilo que faz envergonhar-se a rosa,/ Mamilo mais belo que tudo" e "Seio flácido, seio caído,/ Mama grande, mama comprida,/ Seio, ou devo dizer alforje?" — a partir da tradução para o inglês de Nancy Vickers em seu artigo "Members only: Marot's anatomical blazons", *in* David Hillman e Carla Mazzio (Orgs.), *The Body in Parts*, Londres: Routledge, 1997, pp. 3-22.
23. Por exemplo, Augustine, *City of God*, xiv, pp. 16-7, 26 [Ed. bras.: Santo Agostinho, *A cidade de Deus*, trad. Oscar Paes Leme. São Paulo: Ed. das Américas, 1964]. Sobre feitiços, ver Christopher Faraone, *Ancient Greek Love Magic*, Boston: Harvard University Press, 1999.

24. Harry Stack Sullivan, *Conceptions of Modern Psychiatry*, Nova York: Norton, 1940, pp. 64-7, e *The Interpersonal Theory of Psychiatry*, Nova York: Norton, 1953, pp. 62-75, 126-50.
25. Ibid., p. 74.
26. Clémence Ortega Douville, "Three paradoxes and concentric circles". Disponível em: <https://threeparadoxes.com/the-book/>.
27. Konrad Lorenz, *On Aggression*, Londres: Methuen, 1966, pp. 45-6 [Ed. port.: *A agressão. Uma história natural do mal*, trad. Maria Isabel Tamen. Lisboa: Relógio d'Água, 1963].
28. Sigmund Freud, *SE*, v. XXII, p. 105.
29. Erich Fromm, *Escape from Freedom* (1941), Nova York: Avon, 2ª ed., 1965, p. 41 [Ed. bras.: *O medo à liberdade*, trad. Octavio Alves Filho. Rio de Janeiro: Ed. Guanabara, 14ª ed. 1986].
30. René Spitz, "Aggression: Its role in the establishment of object relations", in Rudolph Loewenstein (Org.), *Drives, Affects, Behavior*, Nova York: IUP, 1953, p. 128.
31. Leonard Berkowitz (Org.), *The Roots of Aggression: A Re-Examination of the Frustration–Aggression Hypothesis*, Nova York: Atherton, 1969.
32. Annie Reich, "Early identifications as archaic elements in the superego", *Journal of the American Psychoanalytic Association*, n. 2, 1954, pp. 218-38; René Spitz, "On the genesis of superego components", *Psychoanalytic Study of the Child*, n. 13, 1958, pp. 374-404; Jacques Lacan, *Écrits* (1966), Nova York: Norton, 2006, pp. 524-31 [*Escritos*, versão bras. Vera Ribeiro, Rio de Janeiro: Zahar, 1998].
33. Emma Donoghue, *Room*, Londres: Picador, 2010, pp. 342 e 261 [Ed. bras.: *Quarto*, trad. Vera Ribeiro. Campinas, São Paulo: Verus, 2011].
34. Heinz Lichtenstein, "Identity and sexuality" (1957), *Journal of the American Psychoanalytic Association*, n. 9, 1961, pp. 179-260.
35. Terri Cheney, *The Dark Side of Innocence*, Nova York: Atria, 2011, p. 142. Também se poderia argumentar que o próprio fato da separação transforma em objeto aquilo que é separado. É divertido notar aqui que *"separate"* [separar] parece ser a palavra cuja grafia mais se erra na língua inglesa, como se fosse demais privar o primeiro "e" de um segundo, na forma *"seperate"*.
36. Quanto a situar a pulsão de morte, ver Ulrike May, "The third step in drive theory: On the genesis of *Beyond the Pleasure Principle*", *Psychoanalysis and History*, n. 17, 2015, pp. 205-72.

37. Edoardo Weiss, "Bodily pain and mental pain", *International Journal of Psychoanalysis*, n. 15, 1934, pp. 1-13; "Todestrieb und Masochismus", *Imago*, n. 21, 1935, pp. 393-411; e Paul Federn, *Ego Psychology and the Psychoses*, Nova York: Basic Books, 1952, p. 271.
38. Nathan Leites, *Depression and Masochism*, Nova York: Norton, 1979.
39. Sigmund Freud, *SE*, v. xix, p. 160.
40. Sigmund Freud, *SE*, v. xviii, pp. 8 e 63. Ver a discussão em Edward Casey, "The subdominance of the pleasure principle", *in* Robert Glick e Stanley Bone (Orgs.), *Pleasure Beyond the Pleasure Principle*, op. cit. pp. 239-58.
41. Sigmund Freud, *SE*, v. xxiii, p. 146.
42. Robert Holt, "Beyond vitalism and mechanism: Freud's concept of psychic energy", *in* Benjamin Wolman (Org.), *Historical Roots of Contemporary Psychology*, pp. 196-226; Norman Greenfield & William Lewis (Orgs.), *Psychoanalysis and Current Biological Thought*, op. cit.; e Lawrence Kubie, "The fallacious use of quantitative concepts in dynamic psychology", *Psychoanalytic Quarterly*, n. 16, 1947, pp. 507-18.
43. Erich Fromm, *Sigmund Freud's Mission*, Londres: Allen and Unwin, 1959, p. 99 [Ed. bras.: *A missão de Freud: Uma análise de sua personalidade e influência*, trad. Octávio Alves Velho. Rio de Janeiro: Zahar, 1965].
44. Michael Balint, "Changing therapeutic aims and techniques of psychoanalysis", *International Journal of Psychoanalysis*, n. 31, 1950, p. 57, e "Eros and Aphrodite", *International Journal of Psychoanalysis*, n. 22, 1936, pp. 199-213.
45. Edmund Bergler, *Principles of Self-Damage*, Nova York: IUP, 1959, p. 46.
46. Jacques Lacan, seminário de 16 de novembro de 1966, e Edmund Bergler, *The Basic Neurosis*, Nova York: Grune and Stratton, 1949, com excertos publicados na *Revue française de psychanalyse*, n. 24, 1960. Note-se também que Lacan toma emprestado de Bergler o termo "*fantasme fondamental*" [fantasia fundamental]: ver, por exemplo: "One of the neurotic reactions accompanying the collapse of the 'Basic Fantasy'", *Psychiatric Quarterly*, n. 17, 1943, pp. 535-42.
47. Ernest Jones, "Fear, guilt and hate", *International Journal of Psychoanalysis*, n. 10, 1929, p. 383-97.
48. Elaine Scarry, *The Body in Pain*, Oxford: Oxford University Press, 1985.
49. Edmund Bergler, *Principles*, op. cit., p. 47.

50. Ver Helene Deutsch, *The Therapeutic Process, the Self and Female Psychology*, Org. Paul Roazen, New Brunswick: Transaction, 1992.
51. Erik Erikson, *Identity and the Life Cycle*, Nova York: IUP, 1959, pp. 131-2. Os papéis anteriores compilados nesse volume contêm afirmações como "uma palavra dita é um *pacto*", a fala "define" o sujeito, e esse sujeito sofre uma "divisão" (p. 115).
52. Ibid., p. 131.
53. Ver a discussão esclarecedora da teoria lacaniana da fantasia em Geneviève Morel, *The Law of the Mother*, Londres: Routledge, 2019.
54. Ver também Bela Mittelmann, "Motility in infants, children and adults. Patterning and psychodynamics", *Psychoanalytic Study of the Child*, n. 9, 1954, pp. 142-77.
55. Jacques Lacan, "La troisième", *Lettres de l'École Freudienne*, n. 16, 1975, pp. 178-203. [Ed. bras.: Jacques Lacan e Jacques-Alain Miller, *A terceira e Teoria de lalíngua*, trad. Teresinha N. Meirelles do Prado, Rio de Janeiro: Zahar, 2022.]
56. Jacques Lacan, "The mirror stage as formative of the I function as revealed in psychoanalytic experience", in *Écrits*, op. cit., pp. 75- -81 [Ed. bras.: "O estádio do espelho como formador da função do eu", *Escritos*, op. cit., pp. 96-103]. Ver a discussão em Émile Jalley, *Freud, Wallon, Lacan, L'enfant au miroir*, Paris: Epel, 1998 [Ed. bras.: *Freud, Wallon, Lacan: A criança no espelho*, trad. Antônio Carlos Braga, Rio de Janeiro: Companhia Freud, 2009]; sobre o contexto, ver Paul Guillaume, *L'imitation chez l'enfant*, Paris: Alcan, 1926; Jean Lhermitte, *L'image de notre corps*, Paris: Nouvelle Revue Critique, 1939.
57. Ver Marc Levivier, "La fœtalisation de Louis Bolk", *Essaim*, n. 26, 2011, pp. 153-68; sobre o contexto, Arnold Gehlen, *Man, his Nature and Place in the World* (1940), Nova York: Columbia University Press, 1988.
58. Jacques Lacan, "Some reflections on the ego", op. cit.
59. Ignace Meyerson, "Les images", in Georges Dumas, *Nouveau traité de psychologie*, n. 2, Paris: Alcan, 1930, pp. 578-9. Meyerson foi um dos psicólogos que introduziram a linguística saussuriana na psicologia clássica durante esse período: ver, por exemplo, seu *Les Fonctions Psychologiques et les Oeuvres*, Paris: Vrin, 1948. É curioso que, embora a maioria dos psicólogos afirmasse, no fim dos anos 1930, que a imitação vocal precede e condiciona a imitação visual, Lacan não faz nenhuma referência a isso nos primeiros artigos sobre o imaginário.

60. Jacques Lacan, *The Seminar, Book 1, Freud's Papers on Technique (1954-5)*, estab. de texto Jacques-Alain Miller, Cambridge University Press, p. 171 [Ed. bras.: *O Seminário, livro 1, Os escritos técnicos de Freud (1953-54)*, versão bras. Betty Milan. Rio de Janeiro: Zahar, 1979], e "Remarks on Daniel Lagache's presentation 'Psychoanalysis and personality structure'" (1960), in *Écrits*, op. cit. pp. 543-74 [Ed. bras.: "Observação sobre o relatório de Daniel Lagache: 'Psicanálise e estrutura da personalidade'", *Escritos*, op. cit., pp. 653-91].
61. Jacques Lacan, *The Seminar, Book X, Anxiety (1962-63)*, estab. de texto Jacques-Alain Miller, Cambridge: Polity, 2014, p. 45 [Ed. bras.: *O Seminário, livro 10, A angústia*, trad. Vera Ribeiro. Rio de Janeiro: Zahar, 2005], e *Écrits*, op. cit., p. 568.
62. Jacques Lacan, *The Seminar, Book X, Anxiety*, op. cit., pp. 40-2.
63. Compare-se Jean Piaget, *Le problème des stades en psychologie de l'enfant*, Paris: PUF, 1955, com Tran-Thong, *Stades et concept de stade de développement de l'enfant dans la psychologie contemporaine*, Paris: Vrin, 1967.
64. Beulah Amsterdam, "Mirror self-image reactions before age two", *Developmental Psychobiology*, n. 5, 1972, pp. 297-305.
65. Henri Wallon, "Comment se développe chez l'enfant la notion du corps propre", *Journal de psychologie normale et pathologique*, n. 29, 1931, pp. 702-48.
66. Jacques Lacan, "Some reflections on the ego", op. cit., p. 13.
67. Jean Piaget, *The Origins of Intelligence in Children*, Londres: Routledge, 1952 [Ed. bras.: *O nascimento da inteligência na criança*, trad. Álvaro Cabral. Rio de Janeiro: Guanabara, 4ª ed., 1987]; R. W. White, "Motivation reconsidered", *Psychology Review*, n. 66, 1959, pp. 297-323.
68. Martha Wolfenstein, *Children's Humor*, Illinois: The Free Press, 1954, p. 82. Ver também James Kleeman, "The peek-a-boo game", *Psychoanalytic Study of the Child*, n. 22, 1967, pp. 239-73.
69. Jacques Lacan, *The Seminar, Book 1*, op. cit., p. 171, e *The Seminar, Book X*, op. cit., p. 91.
70. Philippe Rochat e Dan Zahavi, "The uncanny mirror: A reframing of mirror self-experience", *Consciousness and Cognition*, n. 20, 2011, pp. 204-13.
71. James Baldwin, "Imitation, a chapter in the natural history of consciousness", *Mind*, jan. 1894, pp. 26-55.

72. Michael Lewis e Jeanne Brooks-Gunn, *Social Cognition and the Acquisition of Self*, Nova York: Plenum, 1979; e Philippe Rochat e Susan Hespos, "Differential rooting response by neonates: Evidence for an early sense of self", *Early Development and Parenting*, n. 6, 1997, pp. 105- -12. Ver também Joan Gay Snodgrass e Robert Thompson, *The Self across Psychology: Self-Recognition, Self-Awareness and the Self Concept*, New York Academy of Sciences, 1997.
73. Jacques Lacan, "Some reflections on the ego", op. cit., p. 14.
74. Beulah K. Amsterdam e Morton Levitt, "Consciousness of self and painful self-consciousness", *Psychoanalytic Study of the Child*, n. 35, 1980, pp. 67-83.
75. Karl Abraham, "A short study", op. cit., p. 494.
76. Jacques Lacan, *Écrits*, op. cit., pp. 696-7.
77. Ver Eleanor Galenson e Herman Roiphe, *Infantile Origins of Sexual Identity*, Nova York: IUP, 1981.
78. Jacques Lacan, "Some reflections on the ego", op. cit., p. 14. Com respeito aos membros-fantasma, os analistas ainda estão por explicar por que isso não ocorre antes de aproximadamente cinco anos de idade. Ver M. L. Simmel, "Phantom experiences following amputation in childhood", *Journal of Neurology, Neurosurgery and Psychiatry*, n. 25, 1962, pp. 69-78.
79. Victor C. Medvei, *The Mental and Physical Effects of Pain*, Edimburgo: Livingstone, 1949, p. 46; J. B. Harman, "The localisation of deep pain", *British Medical Journal*, jan. 1948, pp. 188-92.
80. Sigmund Freud, *SE*, v. XIX, p. 25.
81. Jacques Lacan, "Psychanalyse et médicine", *Lettres de l'EFP*, n. 1, 1967, pp. 34-61, e Georges Bataille, "La notion de dépense", *La critique sociale*, n. 7, 1933, pp. 7-14, e *La Part Maudite*, Paris: Éditions de Minuit, 1967 [Ed. bras.: *A parte maldita: Precedida de "A noção de dispêndio"*, trad. Júlio Castañon Guimarães, Belo Horizonte: Autêntica, ed. rev. 2013].
82. Anita Unruh, "Voices from the past: Ancient views of pain in childhood", *Clinical Journal of Pain*, n. 8, 1992, pp. 247-54. Ver também Ishak Ramzy e Robert Wallerstein, "Pain, fear, anxiety", *Psychoanalytic Study of the Child*, n. 15, 1958, pp. 147-81.
83. Maria Fitzgerald, "What do we really know about infant pain?", *Experimental Physiology*, n. 100, 2015, pp. 1451-7.

84. Willi Hoffer, *Psychoanalysis, Practical and Research Aspects*, Baltimore: Williams and Wilkins, 1953, pp. 81-4.
85. Jakob von Uexküll, *Theoretical Biology*, Londres: Routledge, 1926, p. 145.
86. Philippe Rochat e Susan Hespos, "Differential rooting response by neonates: Evidence for an early sense of self", *Early Development and Parenting*, n. 6, 1997, pp. 105-12.
87. Ver Dorothy Burlingham e Anna Freud, *Infants without Families*, Londres: Allen and Unwin, 1944 [Ed. bras.: *Meninos sem lar*. Rio de Janeiro: Ed. Fundo de Cultura, c1960]; Anna Freud, "Observations on child development", *Psychoanalytic Study of the Child*, n. 6, 1951, p. 27.
88. Thomas Szasz, *Pain and Pleasure*, Nova York: Basic Books, 1957, p. 116 [Ed. bras.: *Dor e prazer, um estudo das sensações corpóreas*, trad. Áurea Weissenberg, Rio de Janeiro: Zahar, 1976], e seu artigo "The ego, the body and pain", *Journal of the American Psychoanalytic Association*, n. 3, 1955, pp. 177-200.
89. Peter Wolff, *The Development of Behavioral States and the Expression of Emotions in Early Infancy*, Chicago: University of Chicago Press, 1987, p. 83.
90. René Spitz, "Ontogenesis: The proleptic function of emotion", in Peter Knapp (Org.), *Expression of the Emotions in Man*, Nova York: IUP, 1963, pp. 36-60.
91. F. Graham et al., "The orienting response and developmental processes", in D. Siddle (Org.), *Orienting and Habituation: Perspectives in Human Research*, Chichester: Wiley, 1983, pp. 371-430.
92. Katherine Banham Bridges, *The Social and Emotional Development of the Pre-School Child*, Londres: Kegan Paul, 1931. Para uma abordagem lacaniana, ver Colette Soler, *Les affects lacaniens*, Paris: PUF, 2011 [Ed. bras.: *Os afetos lacanianos*, trad. Cícero Oliveira, São Paulo: Aller, 2022].
93. Willi Hoffer, *Psychoanalysis, Practical and Research Aspects*, op. cit., pp. 83-4.
94. Sandor Rado, "Fear of castration in women", *Psychoanalytic Quarterly*, n. 2, 1933, pp. 425-75.
95. Anna Freud, "The role of bodily illness in the mental life of children", *Psychoanalytic Study of the Child*, n. 7, 1952, pp. 69-81. O elo entre a dor e o medo de aniquilação foi explorado por David Bakan, que

sugeriu até que a morfina age mais sobre este último do que sobre a primeira; ver seu livro *Disease, Pain and Sacrifice*, Chicago: University of Chicago Press, 1968.

96. Ernest Jones, "Pain", *International Journal of Psychoanalysis*, n. 38, 1957, p. 255, e Elaine Scarry, *The Body in Pain*, op. cit.

97. Ver o instrutivo estudo do desejo feito por Anita Izcovich, *Les énigmes du désir de Freud à Lacan*, Paris: Stilus, 2019. O uso lacaniano do termo "desejo" é, na verdade, mais próximo do de Fromm e Karen Horney que do de Freud, menos indicando uma cadeia de significantes recalcada, ligada à perda, do que uma aspiração positiva a que o sujeito pode ter-se sentido obrigado a renunciar, ou da qual desistir, em vista de uma apropriação da demanda do Outro. Ver Karen Horney, *New Ways in Psychoanalysis*, Nova York: Norton, 1939 [Ed. bras.: *Novos rumos na psicanálise*, trad. José Severo de Camargo Pereira. Rio de Janeiro: Civilização Brasileira, 1959].

98. Ver a discussão em Justin Clemens, *Psychoanalysis is an Antiphilosophy*, Edimburgo: University Press, 2013.

99. Erich Fromm, *Man for Himself, An Enquiry into the Psychology of Ethics*, Londres: Routledge, 1949 [Ed. bras.: *Análise do homem*, trad. Octavio Alves Velho. Rio de Janeiro: Zahar, 13ª ed. 1983].

100. Max Horkheimer (Org.), *Autorität und Familie*, Paris: Alcan, 1936.

101. Jacques Lacan, *The Seminar, Book VII, The Ethics of Psychoanalysis (1959-60)*, estab. de texto Jacques-Alain Miller, Londres: Routledge, 1992, p. 186 [Ed. bras.: *O Seminário, livro 7, A ética da psicanálise* (1959-60), versão bras. Antonio Quinet, Rio de Janeiro: Zahar, 1988, p. 223].

102. O modelo topológico, é claro, desfaz-se quando falamos de a Coisa "chamar" ou "puxar" o sujeito para ela, pois isso é algo que um espaço matemático é incapaz de fazer.

103. John Hersey, *Hiroshima*, Nova York: Knopf, 1946, pp. 39-40 [Ed. bras.: *Hiroshima*, trad. Hildegard Feist. São Paulo: Companhia das Letras, 7ª reimpr. 2014].

104. Na clínica, é comum constatarmos que os atos de violência têm uma relação com a verdade: quando as mentiras ou as fantasias já não podem ser toleradas e o diálogo é infrutífero, pode haver uma tentativa de interferir no corpo do Outro. Isso é menos veículo de algum tipo de desejo sádico do que um esforço para ter acesso à

dimensão de algo real, e mostra que nossa separação canônica entre "verdade" e "o real" nem sempre é correta.
105. Edith Bone, *Seven Years Solitary*, Londres: Hamish Hamilton, 1957, pp. 9-10.
106. Jacques Lacan, *The Seminar, Book VII*, op. cit., p. 194.
107. Néstor Braunstein, "Desire and jouissance", op. cit., pp. 104-5.
108. Sobre a pulsão, ver meu artigo "Problems with drive theory", *in* Dan Collins e Eve Watson (Orgs.), *The Drive*, Londres: Routledge, 2021.
109. George Klein, "Peremptory ideation: Structure and force in motivated ideas", *in* Robert Holt (Org.), *Motives and Thought*, Nova York: IUP, 1967, p. 124. Ver também Jacob Arlow, "Conflict, regression and symptom formation", *International Journal of Psychoanalysis*, n. 44, 1963, pp. 12-22.
110. Ibid., p. 128.
111. Sobre intensidade, ver Jacques Lacan, seminário de 13 de jan. 1971 [Ed. bras.: *O Seminário*, livro 18, *De um discurso que não fosse semblante*, versão bras. Vera Ribeiro. Rio de Janeiro: Zahar, 2009]. Sobre a homeostasia, ver Jacques Lacan, "Les facteurs psychiques: Essai sur les réactions psychiques de l'hypértendu", *in* Sylvain Blondin, A. Weiss, Claude Rouvillois e Jacques Lacan (Orgs.), *Le traitement chirurgical de l'hypértension arterielle*, 51ème Congrès Français de Chirurgie, Paris, 1948, pp. 171-6.
112. Jacques Lacan, *The Seminar, Book VII*, op. cit., pp. 189, 193-4.
113. Jacques-Alain Miller, "Causa e consentimento", curso, Paris, 1987-8. Dizer que a primeira e a segunda concepções são coerentes, porque a elisão se dá no nível do simbólico, enquanto a agência se dá no nível do real, e portanto, que estamos apenas lidando com duas posições do mesmo sujeito, deixa o problema intacto.
114. Trygve Braatøy, *Fundamentals of Psychoanalytic Technique*, Nova York: Wiley, 1954, pp. 2-3. Meu palpite é que Lacan teria lido criteriosamente esse livro inusitado, uma vez que várias de suas formulações sobre a técnica são de uma semelhança notável.
115. David Milrod, "Self-pity, self-comforting and the superego", *Psychoanalytic Study of the Child*, n. 27, 1972, pp. 505-28.
116. Sobre pilotos, ver Sandor Rado, "Emergency Behavior", *in* Paul Hoch e Joseph Zubin, *Anxiety*, Nova York: Grune and Stratton, 1950, p. 161.
117. Sigmund Freud, "A childhood recollection from *Dichtung und Wahrheit*" (1917), *SE*, v. XVII, pp. 145-56.

118. Esta seção inspirou-se na maravilhosa palestra de Jorge Baños Orellana intitulada "The cat of the Sainsbury Wing: A walk between desire and jouissance" [O gato da Ala Sainsbury: Um passeio entre o desejo e o gozo], Conferência do Centro de Análise e Pesquisa Freudianas (CFAR), Londres, 13 jul. 2019.
119. Jacques Lacan, *Écrits*, op. cit., pp. 623-44. Ver o comentário de Geneviève Morel, *The Law of the Mother*, op. cit., pp. 219-64.
120. David Levy, "Fingersucking and accessory movements", *American Journal of Psychiatry*, n. 7, 1928, pp. 881-918. Ver também a discussão em meu livro *Hands*, Londres: Hamish Hamilton, 2016.
121. S. Lindner, "Das Saugen an den Fingern, Lippen etc bei den Kindern" (1879), *Zeitschrift für psychoanalytische Padägogik*, n. 8, 1934, pp. 117-38.
122. Willi Hoffer, "Mouth, hand and ego-integration", *Psychoanalytic Study of the Child*, n. 4, 1949, pp. 49-56.
123. René Spitz, "Ontogenesis", op. cit. Sobre a intermodalidade das pulsões, ver a discussão no importante estudo de Marie Couvert, *The Baby and the Drive*, Londres: Routledge, 2021.
124. Paul Guillaume, *L'imitation chez l'enfant*, op. cit., e Jean Piaget, *The Origins of Intelligence in Children*, op. cit. Ver a resenha do trabalho posterior sobre transferência transmodal feita por Arlette Streri, *Seeing, Reaching, Touching*, Cambridge: MIT, 1993, e seu artigo "Cross-modal interactions in the human newborn", *in* A. Bremner et al. (Orgs.), *Multisensory Development*, Oxford University Press, 2012, pp. 88-112.
125. Erik Erikson, *Childhood and Society*, op. cit., pp. 67-81.
126. Erich Fromm, *Escape from Freedom*, op. cit., pp. 318-20.
127. David Levy, "Fingersucking and accessory movements", op. cit.
128. Sigmund Freud, *SE*, v. VII, op. cit., p. 184.
129. George Klein, "Peremptory ideation", op. cit., p. 97.
130. Walter Ong, "Metaphor and the twinned vision" (1955), *in* Thomas Farrell e Paul Soukup, *An Ong Reader*, Caskill: Hampton Press, 2002, pp. 239-45.
131. Rudolph Loewenstein, "A special form of self-punishment", *Psychoanalytic Quarterly*, n. 14, 1945, pp. 46-61.
132. Martha Wolfenstein, "The emergence of fun morality", *Journal of Social Issues*, n. 7, 1951, pp. 15-25.

133. Vladimir Propp, *The Morphology of the Folktale* (1958), Austin: University of Texas Press, 1975, p. 64 [Ed. bras.: *Morfologia do conto maravilhoso*, trad. do russo de Jasna Paravich Sarhan. Org. e prefácio de Boris Schnaiderman, Rio de Janeiro: Forense Universitária, 2ª ed. 2006].
134. Sigmund Freud, *SE*, v. xix, op. cit., pp. 54-5. Esse imperativo duplo foi enfatizado por Edith Jacobssohn [depois "Jacobson"] em "Beitrag zur asozialen Charakterbildung", *Internationale Zeitschrfit für Psychoanalyse*, n. 16, 1930, pp. 210-35.
135. Jacques Lacan, *Le Séminaire, Livre IV, La Relation d'objet*, estab. de texto Jacques-Alain Miller, Paris: Seuil, 1994, pp. 175, 415 [Ed. bras.: *O Seminário, livro 4, A relação de objeto (1956-57)*, versão bras. Dulce Duque Estrada, Rio de Janeiro: Zahar, 1995].
136. Ver discussão em Darian Leader, *Freud's Footnotes*, op. cit., pp. 49-87.
137. Jacques Lacan, *The Seminar, Book I*, op. cit., p. 196.
138. Sigmund Freud, *SE*, v. iv, p. 216.
139. Jacques Lacan, *Écrits*, op. cit., p. 361.
140. Anna Freud e Dorothy Burlingham, *Infants without Families*, op. cit., pp. 80-1.
141. Jacques Lacan, *The Seminar, Book VII*, op. cit., p. 308.
142. Vê-se por que Lacan não deu importância às gramáticas transformacionais de Chomsky e seus seguidores. Em sua abordagem da linguagem, ele é muito mais próximo de Jakobson, que viu o traço principal como sendo a distinção entre a fala marcada e a não marcada, isto é, o modo como a rispidez no nível dos enunciados é captada e comunicada à criança.
143. Para complicar o esquema edipiano, ver Erich Wellisch, *Isaac and Oedipus: A Study in Biblical Psychology of the Sacrifice of Isaac, The Akedah*, Londres: Routledge, 1954.
144. Jacques Lacan, *The Seminar, Book II, The Ego in Freud's Theory and in the Technique of Psychoanalysis* (1954-55), estab. de texto Jacques-Alain Miller, Cambridge: Cambridge University Press, 1988, p. 89 [Ed. bras.: *O seminário, livro 2, O eu na teoria de Freud e na técnica da psicanálise*, versão bras. M. Christine Laznik Penot, colab. A. L. Quinet de Andrade, Rio de Janeiro: Zahar, 1985, p. 118].
145. Seria possível argumentar, é claro, que essa cisão, na verdade, é constitutiva do próprio supereu.

146. Jacques Lacan, *Écrits*, op. cit., pp. 696-7.
147. Jacques Lacan, *Logique du fantasme*, 16 nov. 1966. [Ed. bras.: *O Seminário*, livro 14, *A lógica da fantasia*, inédito].
148. Por exemplo, em seu curso *Du symptôme au fantasme et retour*, Paris, 1982-1983.
149. Ver o capítulo de Anna Freud e Dorothy Burlingham sobre "The role of the father" ["O papel do pai"] em *Infants without Families*, op. cit., pp. 84-97, 104-7. Note-se que seria possível abordar todo o tema da imposição da linguagem com as mesmas variáveis: "para" e "não para". Uma criança exposta à linguagem nem sempre a aprende ou a incorpora, pois há necessidade de algo mais para que esse processo ocorra.
150. Pearl King e Riccardo Steiner (Orgs.), *The Freud-Klein Controversies, 1941-1945*, Londres: Routledge, 1991 [Ed. bras.: *As Controvérsias Freud--Klein: 1941-45*, trad. Ana Mazur Spira, Rio de Janeiro: Imago, 1998].
151. Bernard Apfelbaum, "Ego psychology, psychic energy and the hazards of quantitative explanation in psychoanalytic theory", *International Journal of Psychoanalysis*, n. 46, 1965, pp. 168-82.
152. Sobre a variedade e a diferenciação dos estados de tensão corporal na infância, ver Judith Kestenberg, *Children and Parents: Psychoanalytic Studies in Development*, Nova York: Jason Aronson, 1975.
153. Jacques Lacan, *Le Séminaire, Livre XVI, D'un Autre à l'autre (1968-1969)*, estab. de texto Jacques-Alain Miller, Paris, Seuil, 2006, pp. 247-61 [Ed. bras.: *O Seminário*, livro 16, *De um Outro ao outro*, versão bras. Vera Ribeiro. Rio de Janeiro: Zahar, 2005].
154. William Shakespeare, *Troilus and Cressida*, v. II, vv. 161-3 [Citado na tradução de Carlos Alberto Nunes. *Troilo e Cressida*, in *Teatro completo de Shakespeare: Tragédias*, Rio de Janeiro: Ediouro, 1992, p. 275].
155. Ver Paul Roazen, *Encountering Freud, The Politics and Histories of Psychoanalysis*, New Brunswick: Transaction, 1990, p. 125.
156. Tom MacCarthy, *Remainder*, Londres: Alma Books, 2006, p. 270 [Ed. port.: *Remanescente*, Lisboa: Editorial Estampa, c. 2007].
157. Ver também os comentários de Lawrence Kubie, "The repetitive core of neuroses", *Psychoanalytic Quarterly*, n. 10, 1941, pp. 23-43.
158. Katharine Hepburn, *Me: Stories of My Life*, Nova York: Knopf, 1991, p. 47, e Barbara Leaming, *Katharine Hepburn*, Londres: Weidenfeld, 1995, p. 201, 214 [Ed. bras.: *Katharine Hepburn*, trad. Claudia Costa Guimarães. Rio de Janeiro: Record, 1997].

159. Jacques Lacan, seminário de 14 jan. 1970 [Ed. bras.: *O Seminário, livro 17, O avesso da psicanálise* (1969-70), op.cit.].
160. Sigmund Freud, *SE*, v. xiv, p. 272.
161. Frederic Bartlett, *Remembering*, Cambridge: Cambridge University Press, 1932.
162. Ver a discussão em Edmund Bergler e William Kroger, *Kinsey's Myth of Female Sexuality*, Nova York: Grune & Stratton, 1954.
163. Sem querer levar longe demais um eco dos *Escritos*, podemos observar que Masters e Johnson afirmaram que, depois de rascunharem *A resposta sexual humana* [São Paulo: Roca, 1984], eles "reescreveram o livro, para torná-lo o mais obscuro possível": "A conversation with Masters and Johnson", *Medical Aspects of Human Sexuality*, n. 77, dez. 1969, p. 43.
164. Jacques Lacan, *The Seminar, Book X*, op. cit., e ver Jacques André, *Aux origines féminines de la sexualité*, Paris: PUF, 1995 [Ed. bras.: *As origens femininas da sexualidade*, trad. Vera Ribeiro. Rio de Janeiro: Zahar, 1996].
165. O próprio Lacan chega até a fazer uma pequena contribuição: ver *Écrits*, op. cit., p. 699.
166. Observe-se a confusão feita nesse ponto, com frequência, entre sensibilidade discriminativa e sensibilidade visceral.
167. Stephanie Theobald, *Sex Drive*, Londres: Unbound, 2018, p. 117. Ver também a admirável discussão em Judith Kestenberg, "Nagging, spreading excitement, arguing", *International Journal of Psychiatry and Psychotherapy*, n. 2, 1973, pp. 265-97. Ela liga a implicância infantil a formas de excitação e, de fato, mais tarde, quando as pessoas resolvem suas brigas usando o sexo, poderíamos perguntar se as brigas em si são formas de excitação.
168. Alfred C. Kinsey et al., *Sexual Behavior in the Human Female*, v. 2, Filadélfia: Saunders, 1953, p. 134 [Ed. bras.: *Conduta sexual da mulher*, trad. Antônio Vespasiano Ramos. Rio de Janeiro: Atheneu, 1967].
169. Jacques Lacan, *The Seminar, Book XX, Encore (1972-1973)*, estab. de texto Jacques-Alain Miller, Nova York: Norton, 1998, p. 24 [Ed. bras.: *O Seminário, livro 20, Mais, ainda*, trad. M. D. Magno. Rio de Janeiro: Zahar, 2ª ed. rev., 1989].
170. Ver Martha Wolfenstein, *Children's Humor*, op. cit.
171. Sigmund Freud, *SE*, v. II, pp. 71, 90, 174.

172. Henry Hart, "Displacement guilt and pain", *Psychoanalytic Review*, n. 34, 1947, pp. 259-73.
173. Martha Wolfenstein, *Children's Humor*, op. cit. p. 143.
174. William James, "On some mental effects of the earthquake" (1906), in *Memories and Studies*, Nova York: Longmans, 1911.
175. Jacques Lacan, Seminários de 2 de dezembro de 1971 e 14 de junho de 1972, respectivamente [ver este último em *O Seminário*, livro 19, ...*ou pior*, versão bras. Vera Ribeiro. Rio de Janeiro: Zahar, 2012].

Índice remissivo

Abraham, Karl, 19, 55
Agostinho, Santo, 146n23
agressão, 17-20, 25, 37, 44, 56, 69, 74, 81
Amsterdam, Beulah, 49
Andreas-Salomé, Lou, 128
Apfelbaum, Bernard, 112
autoerotismo, 13, 16, 22, 27, 31, 36, 48, 55-6, 67

Bakan, David, 152n95
Baldwin, James, 53
Balint, Michael, 32, 35
Barthes, Roland, 9
Bartlett, Frederic, 122
Bataille, Georges, 9, 59
Bergler, Edmund, 32, 36-40, 44
Bolk, Louis, 46
Bonaparte, Marie, 128
Bone, Edith, 72
Bone, Stanley, 145n1
Braatøy, Trygve, 83
Braunstein, Néstor, 9, 74
Bridges, Katherine, 62
Burlingham, Dorothy, 102, 152n87

castração, 64, 107, 110, 130
Cheney, Terri, 31
Clemens, Justin, 153n98
Coisa, 12, 68-73
Couvert, Marie, 155n123
culpa, 18, 44, 135

desejo, 9, 12, 21, 66, 69, 153n97
Deutsch, Helene, 32, 40
Donoghue, Emma, 28

dor, 8-9, 21, 27, 30-3, 36, 56-66, 134-5
Douville, Clémence Ortega, 23
Eidelberg, Ludwig, 32
Emin, Tracey, 129
Erikson, Erik, 11, 40-2, 68, 92, 111
estádio do espelho, 12, 45-58

fantasia, 14, 27, 43, 76-8, 80
Faraone, Christopher, 147n23
Federn, Paul, 32
Fenichel, Otto, 116
Ferenczi, Sandor, 60, 127
Fitzgerald, Maria, 151n83
Freud, Anna, 65, 102, 109, 136, 152n87
Freud, Sigmund: sobre agressividade, 18, 24, 69; sobre autoerotismo, 13, 31; sobre castigo, 15, 133-5; sobre dor, 134; sobre libido, 12-4, 18-9; sobre a marca, 121-2; sobre o método analítico, 83; sobre prazer/desprazer, 32-6, 79-80; sobre a repetição, 119; sobre a satisfação, 13-6, 95, 129; sobre o sintoma, 14-5; sobre o supereu, 100
Fromm, Erich, 25, 68, 92-3, 118, 146n17, 148n43
frustração, 14-6, 20, 25-6, 38-9

Gide, André, 87-8
Glick, Robert, 145n1
Glover, Edward, 101, 127
Glover, James, 19
gozo: e autoerotismo, 13, 28, 31, 36, 89, 107; e automutilação, 30, 57, 83-4, 89, 98; e crueldade, 69, 74; e dor, 58-9, 134-5; excedente, 129; fálico,

124-7, 131; e fantasia, 76, 78, 80;
e jubilação, 45-6, 49; e lalíngua,
131-3; e marca, 120-4, 133; e modelo
quantitativo, 9, 77-81, 110-5, 136;
e morte, 81; e objeto, 42, 44, 110,
116-8; Outro, 124-5, 131; e pulsão,
74, 92-4; e relação, 21, 27-30, 43-4,
113, 141; e repetição, 119-21; e
sacrifício, 107-8, 115; e separação,
40-4, 86-9, 97; e sinthoma, 137-8; e
sintoma, 135-6, 138; e sujeito, 28-30,
82-7; e supereu, 98-107
Guillaume, Paul, 91, 149n56
Guilyardi, Houchang, 145n5

Hegel, Georg Wilhelm Friedrich,
12, 67
Hepburn, Katharine, 119-20
Hersey, John, 153n103
Hespos, Susan, 152n86
Hoffer, Willi, 59-60, 90
Holt, Robert, 146n17, 148n42
Horney, Karen, 153n97
humor, 86, 106, 132-3, 138

ideal de eu, 39, 47, 105
imagem especular, 44-58, 107
Izcovich, Anita, 153n97

Jacobson, Edith, 156n134
Jadin, Jean-Marie, 145n5
Jalley, Émile, 149n56
James, William, 139
Jones, Ernest, 18, 38, 66
Jung, Carl, 9, 11

Kant, Immanuel, 81, 86
Kestenberg, Judith, 157n152, 158n167
Kinsey, Alfred, 123, 129
Klein, George, 77, 95
Klein, Melanie, 101
Kris, Ernst, 145n8
Kristeva, Julia, 9
Kubie, Lawrence, 148n42, 157n157

Lacan, Jacques: sobre a Coisa, 68-72;
sobre a dor, 57-9; sobre estádio
do espelho, 44-58; sobre falta, 118;
sobre identificação, 26, 45-58, 81;
sobre libido, 18, 54-6, 107-8; sobre
pulsão de morte, 82-3; sobre a
repetição, 119-21; sobre sexualidade feminina, 124-8, 131; sobre o
supereu, 98-9, 101-5, 106
Leites, Nathan, 32
Lévi-Strauss, Claude, 96
Levy, David, 155n124
Lhermitte, Jean, 149n56
libido, 11-2, 21, 27, 31, 37, 54-5, 62, 67,
107
Lichtenstein, Heinz, 29, 118
Lindner, S., 90
Loewenstein, Rudolph, 97
Lorenz, Konrad, 23

Mahler, Margaret, 68
mãos, 89-91
Masters & Johnson, 125
May, Ulrike, 147n36
McCarthy, Tom, 117
Meyerson, Ignace, 47
Miller, Jacques-Alain, 83, 108
Milrod, David, 84
Mittelmann, Bela, 149n54
Morel, Geneviève, 159n53, 155n119

não-todo, 125, 127
Nobus, Dany, 145n5

objeto *a*, 10, 43-4, 68, 109, 115
Ong, Walter, 96
Orellana, Jorge Baños, 155n118

Payne, Sylvia, 19
Piaget, Jean, 91, 150n67
prazer, 8-9, 20-1, 26, 31-3, 63-4, 79-82,
95
Propp, Vladimir, 100
pulsão, 32, 74, 89-96

Rado, Sandor, 32, 63, 154n116
raiva, 22-5, 37, 39, 62
recalcamento, 15, 21, 31, 66, 80, 132
Reich, Annie, 26
Reik, Theodor, 118
repetição, 119-21
Ritter, Marcel, 145n5
Rochat, Philippe, 53, 152n86

Scarry, Elaine, 38, 66
sexuação, 125-7, 131
Simmel, M. L., 151n78
sinthoma, 77, 135-8
sintoma, 7, 14-6, 19, 121, 131-4
Soler, Colette, 152n92
Spitz, René, 25-7, 61, 91
Stepansky, Paul, 17
Stephen, Karin, 19-23, 27, 31, 36
Streri, Arlette, 155n124
sujeito, 81-4
Sullivan, Harry Stack, 22

supereu, 39, 98-107
Szasz, Thomas, 61, 66

Theobald, Stephanie, 158n167

Unruh, Anita, 151n82

Vickers, Nancy, 146n22
von Uexküll, Jakob, 60

Wallon, Henri, 49
Weiss, Edoardo, 32
Wellisch, Erich, 156n143
Winnicott, Donald, 97
Wolfenstein, Martha, 50, 99, 138, 158n170
Wolff, Peter, 152n89
Woolf, Virginia, 19

Zahavi, Dan, 53

Coleção Transmissão da Psicanálise

Não Há Relação Sexual
Alain Badiou

Fundamentos da Psicanálise
de Freud a Lacan
(4 volumes)
Marco Antonio Coutinho Jorge

Histeria e Sexualidade

Transexualidade
*Marco Antonio Coutinho Jorge;
Natália Pereira Travassos*

Por Amor a Freud
Hilda Doolittle

A Criança do Espelho
Françoise Dolto e J.-D. Nasio

O Pai e Sua Função em Psicanálise
Joël Dor

Introdução Clínica à
Psicanálise Lacaniana
Bruce Fink

A Psicanálise de Crianças
e o Lugar dos Pais
Alba Flesler

Freud e a Judeidade
Betty Fuks

A Psicanálise e o Religioso
Philippe Julien

O Que É Loucura?

Simplesmente Bipolar
Darian Leader

5 Lições sobre a
Teoria de Jacques Lacan

9 Lições sobre Arte e Psicanálise

Como Agir com um
Adolescente Difícil?

Como Trabalha um Psicanalista?

A Depressão é a Perda de uma
Ilusão

A Dor de Amar

A Dor Física

A Fantasia

Os Grandes Casos de Psicose

A Histeria

Introdução à Topologia de Lacan

Introdução às Obras de Freud,
Ferenczi, Groddeck, Klein,
Winnicott, Dolto, Lacan

Lições sobre os 7 Conceitos
Cruciais da Psicanálise

O Livro da Dor e do Amor

O Olhar em Psicanálise

Os Olhos de Laura

Por Que Repetimos os Mesmos Erros?

O Prazer de Ler Freud

Psicossomática

O Silêncio na Psicanálise

Sim, a Psicanálise Cura!
J.-D. Nasio

Guimarães Rosa e a Psicanálise
Tania Rivera

A Análise e o Arquivo

Dicionário Amoroso da Psicanálise

O Eu Soberano

Freud — Mas Por Que Tanto Ódio?

Lacan, a Despeito de Tudo e de Todos

O Paciente, o Terapeuta e o Estado

A Parte Obscura de Nós Mesmos

Retorno à Questão Judaica

Sigmund Freud na sua Época
e em Nosso Tempo
Elisabeth Roudinesco

O Inconsciente a Céu Aberto
da Psicose
Colette Soler

1ª EDIÇÃO [2023] 1 reimpressão

ESTA OBRA FOI COMPOSTA POR MARI TABOADA EM DANTE PRO E
IMPRESSA EM OFSETE PELA GRÁFICA SANTA MARTA SOBRE PAPEL PÓLEN BOLD
DA SUZANO S.A. PARA A EDITORA SCHWARCZ EM JULHO DE 2025.

A marca FSC® é a garantia de que a madeira utilizada na fabricação do papel deste livro provém de florestas que foram gerenciadas de maneira ambientalmente correta, socialmente justa e economicamente viável, além de outras fontes de origem controlada.